KB059735

81년생 마리오

추억의 게임은 어떻게 세상물정의 공부가 되었나?

# 81년생 마리오

인문학협동조합 엮음

요다

# 추억의 게임은 어떻게
# 세상물정의 공부가 되었나?

그 시절 오락실 입구에는 '지능계발'이라는 문구가 적혀 있었다. 오락실을 머리 좋아지려고 다니는 아이는 없었다. 게임이나 하다간 바보 된다는 소리는 귀에 못이 박이도록 들었다. 어른이 될수록 하잘것없는 시간 낭비로 비난받는 일의 목록은 점점 늘어났다.

학교와 집에선 시간 아껴서 공부하라고 했다. 누군가는 독하게 그 말을 따랐다. 하지만 "공부 열심히 해서 훌륭한 사람 돼라."하셨던 어르신 말씀은 3분의 1만 맞았다. 공부 열심히 한다고 반드시 훌륭한 사람이 되지 않는다. 게다가 사람 될 수 있는 공부가 절망적으로 결핍된 사회가 이 나라다. '훌륭한 사람'의 진짜 뜻도 알고 보니 '부자'였다. 부자 될 수 있는 공부를 열심히 하라던 어르신 말씀을 성공적으로 실천한 이들의 이름은 언제 들어도 찬란하다.

개중에는 대통령과 비선 실세의 총애를 받고 청와대에 입성한 전설적 검사님이 계시는데, 쉰 살이 넘도록 '소년 급제' 타이틀을 달고 다니신다. 이분도 소싯적에 오락실 좀 드나들어 보셨을까? 바보들이 득실거리는 그곳엔 눈길도 안 주셨을까?

결국은 돈 버는 일이 인생의 기술이자 세상물정의 공부였다. 그것 말고는 뭐든 쓸데없는 일 취급하는 사회에 태어나서 꾸역꾸역 어른이 된다. 어른이 된다는 건 별거 없었다. 사회생활은 열심히 살아가는 일에 침을 뱉는 모욕의 연속이었다. 근래 못마땅한 대통령 하나 바뀌긴 했으나, 예전과 다르게 살 방법에 우리 대부분은 서툴고 용기마저 부족하다. 이런 사회에서 언젠가 어른이 될 아이들에게 무슨 말을 해줘야 할지 모르겠다. 시시한 어른의 깜냥이지만 하나는 약속할 수 있다. 어떤 일도 함부로 시간 낭비 취급을 받아선 안 된다. 모든 형태의 삶이 돈벌이의 기준으로 가늠할 수 없는 거대하고 복잡한 공부의 연속이기 때문이다. 게임이라고 예외일 리 없다.

부자 되는 공부를 강요받느라 못했던 일의 목록을 떠올려봤다. 오락실 입구에 붙어 있던 '지능계발' 문구가 제일 먼저 생각났다. 그 말은 난센스가 아니었다.

알록달록한 픽셀이 점멸하는 비디오 게임의 세계는 플레이어의 눈과 손뿐만 아니라 일상의 리듬과 속도에 밀착되어, 한 시대의 풍경을 비추는 거울로 변한다. 왜 그때 우리는 그 게임을 하고 싶었을까? 무엇이 〈슈퍼마리오〉와 〈너구리〉, 〈동키콩〉, 〈프린세스 메이커〉와 〈애니팡〉, 〈스타크래프트〉에 열광하게 했을까? 그저 재미만의 문제는 아닐 것이다. 게임과 플레이어를 둘러싼 사회, 정치, 경제, 문화의 역사적 맥락을 읽는 일이 필요하다. 이를 통해 우리가 한 시대를 어떻게 살아가고 있는가를 진단하는 일이 가능하다.

이것은 20세기 문화사를 통틀어 문학과 영화를 진지하게 사유했던 이들의 공부 방법을 닮았다. 하지만 문학과 영화가 전성기를 누렸던 미디어 환경은 지난 시대의 일이다. 비디오 게임이 최전성기를 누리고 있는 지금과 비교하면, 인간의 의미부터 달라졌다.

오늘날의 인간은 온갖 종류의 전자 기기에 붙들린 채 아톰 비트bit의 질주를 받아내는 네트워크의 일부로 살고 있다. 이런 세상에서 플레이어는 무엇이 되고 싶어 하는 이들일까? 이들은 어떻게 새로운 힘의 지도에 포획되거나 도망칠 수 있을까? 우리가 게임 속의 누군가가 된다는 것은 게임을 둘러싼 세계의 고유한 제약에 몰입하는 일을 의미한다.

이러한 문제의식에 공감할 수 있는 세대의 출발점을 이 책의 저자들은 1981년생으로 설정했다. 그해에 전두환은 제12대 대통령에 취임했다. 대한민국은 자국민을 학살한 사람이 대통령이 되는 파쇼 국가였다. 이런 나라에서도 아이들은 많이 태어났다. 1981년에만 출생아 수는 86만 명에 달한다. 2014년과 비교하면 2배나 높은 출생률이다. 이 아이들에게 텔레비전은 당연히 컬러 방송이 가능한 장치였다. 1981년은 한국에서 컬러TV 방송이 시작된 지 1년도 지나지 않은 시기이기도 했다. 미국에선 MTV가 개국하고 최초의 IBM PC가 출시됐다. 그리고 닌텐도의 비디오 게임 〈동키콩〉에 슈퍼마리오가 처음 출연했다.

1988년 서울올림픽 개막식에서 굴렁쇠를 굴렸던 소년이 태어난 해도 1981년이었다. 굴렁쇠 소년의 동년배들은 1990년대와 2000년대를 거치며 초고속 통신망과 인터넷 붐을 겪었다. IMF 이후로 신자유주의가 사회의 지배 논리로 고착되는 과정을 지금 이 순간에도 감내하고 있는 세대이기도 하다. 경제성장률이 최고 13.2%(1983년)에 달했던 고도 성장기에 유년 시절을 보냈지만, 30대 이후의 삶에 닥칠 미래는 저성장, 경제불황, 인구절벽의 삼중고에 갇혀 암울하다. 한국에서 비디오 게임은 이 세대의 생애 주기와 함께하며 대중문화의 한 축으로 안착했다. 추억의 게임을 호명할 때마다 우습고 아픈 일들이 덩달아 떠오를 수밖에 없다.

『81년생 마리오』는 인문학협동조합이 2017년 7월부터 9월에 걸쳐 카카오 스토리펀딩에 연재한 글을 뼈대로 새로운 원고를 보강하고 전체 구성을 가다듬은 책이다. 게임연구와 현장 비평, 문학과 문화, 미디어 비평, 뉴미디어 아트 등에서 활약해온 12인의 저자가 글을 모았다.

이 책은 1990년 5월에 있었던《'90 현대컴보이 슈퍼마리오 대축제》에서 시작해서 2017년 7월 30일 광안리에서 열린 〈스타크래프트: 리마스터〉 론칭 행사로 마무리된다. 그사이에 여러 시간대와 장소를 오가며 한국 사회의 일상과 문화에 게임이 어떻게 자리 잡게 되었는가를 추적했다. 오락실과 PC방의 흥망성쇠, 비디오 게임의 메커니즘과 현대 자본주의의 상동성, 게임과 계급, 젠더에 대해서도 이야기한다. 게임을 소재로 그린 박지혜 작가의 카툰은 이 책에 담은 또 하나의 즐거움이다.

이 책을 엮은 인문학협동조합은 2015년 7월과 11월에 대중강연 〈헬조선에서 게임을 읽다〉와 〈이것은 게임이 아니다 : 게이미피케이션과 신자유주의의 통치전략〉을 열어 우리 시대의 문제적 텍스트로 비디오 게임을 주목할 것을 제안했다. 2016년 2학기부터는 성균관대에서 〈게임과 인문학〉, 〈게임과 현실〉을 정식 교양 과목으로 개설해서 세간의 주목을 받기도 했다. 인문학협동조합은 『81년생 마리오』를 기점으로 지난 2년간이 게임 인문학 연구성과를 책으로 묶는 작업을 이어갈 예정이다. 후속 작업에 대한 기대도 독자 여러분께 부탁드린다.

삶과 앎, 일의 행복한 공생을 꿈꾸는

조합원 동지와 저자들을 대신해

임태훈

# 차례

슈퍼마리오

# 팔열팔한지옥의 마리오

임태훈

## ◉ 1990년 슈퍼마리오 대축제

전국에서 모인 게임 대장들이 잠실학생체육관에서 슈퍼마리오로 승부를 겨루는 광경을 본 것은 국민학교 5학년이던 1990년 5월의 일이었다. 《'90 현대컴보이 슈퍼마리오 대축제》가 열린 날이었다. 나중에 알아보니 그날 행사에 무려 1만 명이 모였다고 한다. 나도 그 많은 인원에 하나를 보탠 셈이지만, 그때만 해도 슈퍼마리오에는 별 관심이 없었다. 버스 타고 길 물어서 굳이 거기까지 갔던 이유는 심형래 때문이었다.

일요일 저녁마다 《쇼 비디오 쟈키》를 즐겨봤다. 심형래가 나오는 코너가 그중 제일 재밌었다. 똥파리, 나비, 메뚜기, 개미, 풍뎅

▶ 현대전자는 1990년 5월 2일 오후 1시부터 잠실체육관에서 전국 어린이 1만여 명을 초청해서 〈'90 현대컴보이 슈퍼마리오 대축제〉를 열었다.

이, 지네로 분장한 개그맨들이 한바탕 웃기는 〈벌레들의 합창〉은 당시 내 취향에 딱 맞았다. 〈벌레들의 합창〉은 심형래가 출연했던 개그 코너 중에서 비교적 인기가 없었던 작품이었다. 월요일에 학교 친구들에게 물어봐도, 유치해서 못 봐주겠다는 소리를 들었다. 나도 그런 느낌이 들긴 했다. 2학년도 아니고 5학년씩이나 되었으니, 똥파리 얘기보다는 〈쓰리랑 부부〉 정도의 개그를 즐겨야 하지 않을까. 하지만 난 이런 게 좋았다. 남들이 덜 좋아한다면 내가 더 좋아하면 된다는 팬심이 솟구쳤다.

《'90 현대컴보이 슈퍼마리오 대축제》의 행사 이벤트에 〈벌레들의 합창〉 공연이 없었다면, 아마도 난 집에서 숙제나 했을 게 분명하다. 무료 행사라는 점도 좋았다. 돈 들어가는 일이었으면 엄마에게 외출을 허락받는 게 복잡해지기 때문이다. 어쨌거나 똥파리 복장을 입은 심형래를 진짜로 봤다는 건, 그날 일기장에 적을 가치가 있는 보람된 일이었다. 실제 공연이니만큼 방송보다 재밌길 바랐다. 하지만 워낙 사람이 많고 어수선한 분위기라서 집중하기 어려웠다. 똥파리랑 슈퍼마리오가 한 무대에서 투덕거리는 그림도 어색했다. 〈벌레들의 합창〉 공연이 후다닥 끝나버리고 나니, 이날 행사의 주인공은 심형래가 아니라 슈퍼마리오라는 사실이 분명해졌다.

## 게임기를 사는 가족

그래도 집에 안 가고 4시간 20분이나 이어진 행사를 다 구경했다. 친구도 없이 혼자 온 사람은 나뿐인 것 같았다. 부모랑 온 아이들이 정말 많았다. 당시 돈으로 13만 원이나 했던 현대 컴보이를 현장에서 바로 구입해서 아이에게 선물하는 부모도 많이 볼 수 있었다. 1990년은 대기업 신입 사원 월급이 50만 원 수준이었고, 사립대학 1년 등록금은 100만 원에서 130만원 사이였다.

한 달 벌이가 20만 원도 안 되는 사람도 부지기수였던 시절이었다. 13만 원 짜리 비디오 게임기는 지금 돈 가치로 따지면 130만 원 이상의 사치품이었다. 애들이 조른다고 그 비싼 걸 흔쾌히 사주는 부모가 그렇게 많다는 게 놀라웠다. 매장에 쌓아놓은 게임기 박스가 줄줄이 팔려나갔다. 게임기를 가슴에 안고 밝게 웃는 아이들이 내 곁을 연거푸 지나갔다.

나도 갖고 싶다는 마음은 안 생겼다. 게임기에 별 관심이 없었다. 콧수염 단 배관공 캐릭터인 슈퍼마리오를 사람들이 왜 좋아하는지 이해가 안 됐다. 그런 점에서 나는 내 또래 5학년보다 취향이 조숙한 편이었다. 나는 돈 많이 드는 일에 노인처럼 구는 어린이였다. 경제적 부담이랄 게 없는 값싼 오락거리라서 〈벌레들의 합창〉 같은 게 좋았던 것 같기도 하다. 돈 때문에 항상 힘들어하던 부모에게 부담이 될 만한 일은 하고 싶지 않았다. 의식적으로든 무의식적으로든 그런 생활이 자연스러웠다. 그날 내 주머니에는 집으로 돌아갈 차비밖에 없었다. 부모님이랑 같이 왔다고 해도 분위기에 휩쓸려 게임기를 사주는 일은 절대로 일어나지 않는다는 것도 알았다.

일찍부터 게임기를 가진 친구는 그전에도 있었다. 서울올림픽이 열리기 전 해였던 1987년이었다. 일본에서 사온 닌텐도 패미콤을 갖고 놀던 현정이라는 아이는 같은 반 부반장이었다. 텔레비전 화면에서 슈퍼마리오가 뛰어다니는 걸 처음 본 것도 그 친구 집에서였다.

어린이대공원에서 가까운 광진구 능동의 부촌에 위치한 개네 집은 정원 크기가 우리 집 크기의 몇 배쯤 됐다. 일본을 오가며 무역 일을 하시는 그 애 아버지는 출장에서 돌아올 때마다 외동딸에게 줄 선물을 꼭 챙기셨다고 한다. 그 집에서 본 물건 중에서 지금도 기억에 생생한 게 일제 자동 연필깎이였다. 하늘색 강아지 모양이었다. 국민학교 저학년의 눈에는 패미콤 만큼이나 신기했다. 그런 걸 갖고 있는 애는 우리 반에서 그 친구뿐이었다.

현정이는 있는 집 자식 티내지 않는 소탈하고 다정다감한 아이였다. 우리는 맛있는 과자도 먹고 게임도 하면서 한나절 재밌게 놀았다. 하지만 웃고 떠들다가도 마음이 갑자기 복잡해지는 건 어쩔 수 없는 일이었다. 그 무렵 우리 아버지는 사우디아라비아에서 엄청나게 고생하며 일하셨다. 밤잠 줄여가며 부업으로 미싱을 돌렸던 엄마도 고달픈 시절을 버티는 중이었다. 내가 처음 만난 슈퍼마리오는 우리 가족의 살림살이로부터 백만 광년쯤 떨어져 있는 외계인으로 보였다.

슈퍼마리오에 대해 느낀 묘한 불편함을 3년 뒤에 잠실학생체육관에서 다시 느낀 건 싫지 않은 일이었다. 오히려 흥미로웠다. 부모가 게임기를 구입하는 순간을 현장에서 직접 본 것도 그때가 처음이었다. 〈벌레들의 합창〉을 다 보고도 집으로 돌아가지 않은 건, 어린 마음에도 이런 건 잘 봐둬야 되겠다는 생각이 들어서였다. 세상이 빠른 속도로 변하고 있다는 걸 느낄 수 있었다. 게임기만큼이나 PC 보급률도 가파르게 상승하던 시기였다.

### ◉ 중산층 컴보이

《'90 현대컴보이 슈퍼마리오 대축제》의 대미를 장식한 행사는 컴보이 경진 대회였다. 참가 선수들은 일찍부터 게임기를 접한 아이들이 대부분이었다. 내 또래의 국민학교 고학년이 제일 많은 수를 차지했다. 이 아이들에게는 〈슈퍼마리오〉가 무척 익숙한 게임이었다. 오리지널보다 아류작의 인기가 한국에서 상당했기 때문이다. 〈슈퍼마리오〉를 MSX용으로 무단 표절한 새한상사의 〈슈퍼보이〉 시리즈는 대우전자의 재믹스에서 플레이할 수 있었다. 재믹스는 1985년부터 1988년까지 한국 게임기 시장을 독점하다시피 한 제품이었고, 그거 있는 집 애는 동네 어린이 사이에서 만수르 급의 추앙을 받았다.

게임기 수입이 합법적으로 자유화된 1988년 7월을 기점으로

1990년까지 게임기는 30만 대 이상 보급됐다. 특히 서울올림픽을 전후로 판매량이 확 늘었다. 재믹스 출시 첫 해인 1985년에는 판매량이 2천 대에 불과했지만, 1987년에는 7만 대, 1988년에는 10만 대가 팔리면서 3년 만에 시장 규모가 50배나 성장했다. 삼성과 현대는 각각 세가와 닌텐도와 제휴를 맺고 게임기 시장에 뛰어들었고, 골든벨 상사, 코오롱, 해태전자, 삼근물산, 닉스전자, 알파무역, 영실업도 뒤를 이었다.

게임만이 아니라 가전제품 시장 전체가 대호황이었다. 예를 들면 텔레비전 보급률은 1980년대 중반에 이미 90%를 넘어섰고, 1980년엔 37.8%에 불과했던 냉장고 보급률이 1990년에는 93%로 치솟았다. 1986년부터 1988년 사이에 무역수지가 큰 폭의 흑자를 기록하면서 급여가 상당 수준 올랐고, 주식시장과 부동산 시장이 폭등을 이어가면서 자산소득이 크게 늘어난 덕분이었다. 하지만 우리 집이 가장 못살았던 건 바로 이 시절이었다.

'중산층'이라는 말이 유행했던 것도 1980년대 후반에서 1990년대 초 사이의 일이었다. 중산층이 되려면 그에 걸맞은 소득만큼이나 소비의 격을 높여야 했다. 몇 해 사이에 형편이 핀 친구 집에 놀러갈 때마다, 안방과 거실에 VTR, 오디오, 에어컨, 전자레인지 등의 가전제품이 속속 들어서는 걸 볼 수 있었다. 살림살이의 변화를 과시하는 분위기도 팽배했다. 그 문화가 아이들 세계로 옮겨간 것이 게임기였다.

게임기 있는 친구네 집에 우르르 몰려간 동네 아이들은 갖은 아양을 떨며 "한 판만"을 외쳤다. 그 집 어머님은 "숙제는 하고 노냐"며 잔소리를 하면서도, 게임기 하나로 기가 살아서 으쓱거리는 자기 아이의 모습을 흐뭇해했다. 하지만 나는 슈퍼마리오가 버섯을 먹고 덩치가 커지는 것보다도 그 아주머니 표정이 더 재밌었다. 컴보이 경진 대회에 참가한 아이들의 얼굴을 둘러볼 때에도 동행한 부모의 얼굴이 겹쳐보였다.

지금 돌이켜보면, 그건 어디까지나 1990년 전후로 느낄 수 있었던 인상이었다. 기술 발전 속도가 해를 거듭할수록 빨라지면서 1980년대의 재믹스 따위와는 비교도 안 되는 제품이 쏟아져 나왔다. 이를테면 소니 플레이스테이션 시리즈의 첫 게임기가 출시된 것이 1994년 12월이었다. 게임기는 아이들 장난감 수준에 머물지 않고 최첨단 기술의 세례를 받은 뉴미디어 시대의 왕자로 등극했다. 어른이 되더라도 일평생 즐길 만한 문화로 발전해간 것이다.

게다가 한국의 게임 문화에서 하드웨어만큼이나 중요한 변수는 장소의 문제였다. 그때나 지금이나 어린이가 청소년으로 자라면서 부모 감시를 참고 게임을 하기는 점점 더 어려워진다. 가족들의 공용 공간이자 가부장의 권위가 집중된 텔레비전 앞은 말할 것도 없다. 어릴 때 친구들을 그 자리로 몰고 와서 게임을 할 수 있었던 건, 계급 상승의 물질적 성취를 이웃에게 전시하려는 부모의 속내를 그럭저럭 거스르지 않았기 때문이었다. 전시 기간은 길지 않았다. 한때는 중산층의 위시리스트였으나, 그것들이 어지간하면 다 가질 수 있게 된 물건이 되기까진 오래 걸리지 않았다. 아이들이 커갈수록 집 안의 게임기는 불화를 일으키는 요소가 됐다. 성적을 올리면 신형 게임기를 사주겠다며 학업에 집중할 것을 회유하는 부모도 있었지만, 게임기 앞에 앉아 있는 애를 못마땅하게 여기는 경우가 훨씬 더 일반적이었다.

이것은 게임을 일평생 사랑해온 사람이라면 청소년기에 꼭 거쳐야 했던 문제이기도 하다. 집에서 게임을 즐기려면 부모가 부재한 시간을 충분히 확보하거나 자기만의 방이 있어야 했다. PC 게임이 비디오 게임보다 훨씬 더 높은 인기를 누렸던 까닭이 여기에 있다. 1990년대를 거치며 전자오락실의 숫자가 가파르게 줄어든 것과는 반대로, PC방의 수는 온라인 게임의 인기에 비례해 전국적으로 급격히 늘어났다.

컴보이 경진 대회가 있었던 1990년 5월로부터 9년 뒤, 첫 번째 스타리그인 《프로게이머 코리아 오픈99PKO》이 개막한다. 두 시점 사이에는 하드웨어와 소프트웨어의 발달·변천사뿐만 아니라, 게이머를 둘러싼 가족, 계급, 장소의 충돌이 가로지르고 있다. 1970년대 중·후반에서 1980년대에 태어난 세대의 관점에서 1990년대 중산층 가족의 역사를 읽을 수 있는 문화 지도는 다름 아닌 '게임'인 것이다.

## ◗ 다시 만난 마리오

세월이 흘러 이제는 내가 아이들에게 게임기를 사줄 나이가 되었다. 타임머신이 있어서 1990년으로 돌아간다면 잠실학생체육관에서 퀭한 표정으로 돌아다니던 나를 만나보고 싶다. 그리고 젊었던 시절의 부모님을 보고 싶다. 아버지는 그해 지금의 내 나이였고, 어머니는 지금의 내 여동생보다도 어린 서른다섯 살이었다. 생애 가장 치열하게 일했던 시기였지만, 그에 합당한 대가를 받지 못했던 그들의 고단한 어깨를 안아주고 싶다.

이 글을 준비하면서 닌텐도 클래식 미니 패밀리 컴퓨터를 구했다. 1983년 출시된 1세대 패미콤을 복각한 제품이었다. 해외 직구 사이트에서 구입하니 1990년 현대 컴보이 가격이었다. 10만 원의 가치가 27년 전보다 현저히 떨어졌음을 알 수 있었다. 예전과 달리 롬 카트리지 슬롯도 없었다. 대신에 30개의 타이틀을 내장 수록해서 게임팩이 필요 없는 제품이 되었다.

모니터에 게임기를 연결하자마자 1985년판 〈슈퍼마리오 브라더스〉부터 플레이했다. 마리오 월드의 파란 하늘이 보이고, 콘도 코지가 작곡한 기념비적인 BGM 〈Overworld Theme〉가 흘러나왔다. 아주 잠시 동심에 빠져들었다. 하지만 플레이를 할수록 예전과는 다른 느낌을 받았다. 마흔을 앞두고 다시 해본 슈퍼마리오는 팔열팔한지옥八熱八寒地獄의 어딘가에 사로잡힌 중생으로 보였다.

멈춰 설 순 있어도 뒤돌아 갈 순 없다. 피치 공주를 구하려면 왼쪽에서 오른쪽으로 달리고 뛰어야 했다. 그 와중에 동전과 스타코인을 줍고 버섯도 틈틈이 먹어줘야 한다. 거북이에 부딪히고 구덩이에 빠져 죽는 일이 반복될 때마다, 왜 실패했는가를 복기하며 좀 더 효과적인 돌파 전략을 짜야 한다. 최고의 게임이라면 당연히 그러하듯 〈슈퍼마리오 브라더스〉도 머리와 손을 동시에 잘 써야 하는 게임이었다. 이 게임을 누구 눈치 안 보고 집에서 느긋하게 할 수 있다는 건, 게임 캐릭터를 셀 수 없이 죽였다 살리는 일이다. 이 과정은 복잡하고 정교한 안무를 익히는 일과 비슷하다.

아무리 게임이지만, 시간을 이런 식으로 쓸 수 있다는 건 놀라운 일이라는 생각이 들었다. 게임 밖 세상에선 시간도 기회도 한정되어 있다. 죽으면 끝이다. 하지만 게임 세계 역시 끔찍하긴 마

▶ 불교에서는 지옥(地獄)의 종류로서 팔열팔한지옥(八熱八寒地獄)이 있다고 여긴다. 지옥도를 그린 이 불화는 스테이지별 위험 요소와 최종보스를 표시한 게임맵처럼 보인다. ⓒwikipedia

찬가지였다. 셀 수 없이 죽었다 살아나도 쿠파족과 투쟁하는 일에 다시 투입되어야 한다. 가까스로 마지막 스테이지에 이르러 공주를 구해도 게임은 원점으로 되돌아간다. 이 단계부터는 피치 공주에 대한 충심이나 애정, 쿠파족의 마법에 걸린 버섯왕국 백성들에 대한 측은지심 같은 건 아무래도 상관없는 상태가 된다. 더 빨리 달리고 뛰어서 최단 시간 내에 마지막 스테이지를 깨고 다시 원점으로 돌아가는 일이 목적이 되어버리는 것이다.

8비트 그래픽의 불분명한 형상이 차라리 다행이라는 생각마저 들었다. 기구한 운명의 굴레에 갇힌 마리오의 얼굴을 실사에 준하는 그래픽으로 보여준다면, 이 게임은 공포물이 되고 말았을 것이다. 하지만 슈퍼마리오가 처음부터 이렇게 비참했을 리 없다.

나는 게임을 즐기는 것이 아니라, 내가 살고 있는 세상의 난장을 게임에 비춰보고 있었다. 그럴 수밖에 없었다. 알록달록한 픽셀 나라의 캐릭터들에 마음을 싣고 느긋하게 게임을 즐길 수 없는 어른이 되고 말았기 때문이다. 1981년 〈동키콩〉에서 처음 등장한 이래로 올해로 서른일곱 해를 살아온 마리오는 나와 두 살 차이인 동세대다. 유년기와 십대 시절을 동시대에 함께했던 또 다른 마리오들은 다들 어떻게 지내고 있으

▶ 버즈피드에서 할로윈을 기념해 발표한 슈퍼마리오 코스프레. 슈퍼마리오가 8비트 그래픽의 불분명한 형상이 아니라 실사로 만들어진 게임이었다면, 기구한 운명의 굴레에 갇힌 형제의 곤경을 다룬 공포물이 되고 말았을 것이다. ©Buzzfeed

려나? 우리 앞에 놓인 인생의 게임이 부디 즐겁고 평안하길 바라본다.

**임태훈**

미디어비평가. 대구경북과학기술원 융복합대학 기초학부 교수. 저서로 『검색되지 않을 자유』(2014), 『우애의 미디올로지』(2012), 『시민을 위한 테크놀로지 가이드』(공저, 2017), 『한국 테크노컬처 연대기』(공저, 2017) 등이 있다.

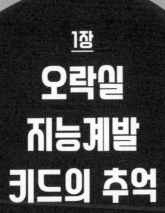

**1장**

# 오락실
# 지능계발
# 키드의 추억

## 너구리

# 그 많던 너구리와 뱀들은
# 어디로 갔을까?

오영진

한국에서 소위 '너구리'라고 불리던 게임이 있다. 이 게임은 시그마사가 1982년에 제작한 것으로, 원제는 '폰포코ポンポコ, Ponpoko'다. '폰포코'는 일본어로 배가 불룩해 두드리는 소리를 흉내 낸 의성어인데, 게임 속에서 귀여운 너구리가 특유의 '삐용' 하는 소리와 함께 점프를 해 압정을 피하고 과일과 채소를 먹어 스테이지를 통과해나간다. 〈너구리〉는 유독 한국에서 큰 인기를 끌었다. 뿐만 아니라 수많은 아류작, 수정·이식작이 한국인들에 의해 제작되었다. 시삭은 〈폰포고〉였지만 한국위들만의 독자적인 〈너구

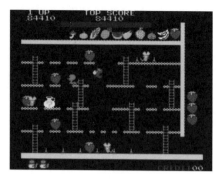

▶ 〈너구리〉(원제 '폰포코', 1982) ©Sigma Enterprises

리〉가 되었다고 해도 과언이 아니다. 어릴 적에는 5번째 스테이지까지 가기도 버거웠던 이 게임을 요즘 능숙한 플레이어들은 12분 만에 클리어하는 영상을 녹화해 유튜브에 올리기도 한다.

## ◉ 반갑다 너구리

소설가 박민규는 이 게임을 소재로 「고마워, 과연 너구리야」라는 작품을 썼다. 어느 날 인턴사원인 주인공이 손 팀장에게 에뮬레이터로 〈너구리〉를 깔아주게 된다. 이후 손 팀장은 온종일 〈너구리〉만 플레이한다. 급기야 배가 부풀고 눈 주위가 검게 변하더니 진짜 너구리가 되어버린다. 그리고 다음날 정리해고를 당한다. 다소 황당한 설정이지만 소설은 현대인의 우화처럼 가볍게 읽히기에 꽤나 즐겁고 몰입감도 있다. '너구리란 도대체 무엇인가'라는 질문에 주인공의 친구는 엉뚱하지만 그럴듯한 대답을 한다.

> 예를 들어 농경사회를 생각해봐. 모두가 부지런히 밭을 갈고 있는데 돌연 한 마리의 너구리가 나타난 거야. 앗 너구리다. 누군가 소리치면서 일손이 중단되게 마련이지. 귀엽다. 이리온. 해피쫑쫑. (중략) 그런 느낌이란 거지, 원래 너구리는 즐거움 그 자체였으니까. 그리고 한 두어 시간은 온통 너구리가 사람들의 혼을 빼놓는 거야. 그럼 그 텃밭 1팀의 팀장은 어땠겠어? 너구릴 죽이고 싶었겠지."
>
> 「고마워, 과연 너구리야」 『카스테라』, 박민규 지음, 문학동네, 2005

너구리는 '즐거움 그 자체'며, 그래서 노동을 방해하는 존재였던 것이다. 손 팀장은 즐거움을 알아버렸고 급기야 너구리가 되어버렸다. 과장이 해고되었다는 점에서 너구리는 경쟁 사회에서 낙오된 자의 표식처럼 보인다. 성실했던 사람이 게임 중독으로 패가망신한 것일까?

사실 손 팀장은 23번째 스테이지를 넘지 못하고 있었다. 이곳은 가장 중요한 포인트에서 점프를 하면, 착지점이 없어 압정에 찔려 죽는 일이 일어나 도저히 깰 수 없는 판이다. 원래 〈너구리〉

▶ 잡지 〈컴퓨터학습〉은 1984년 1, 2월 〈제비우스〉 1,000만점 돌파의 비결이라는 특집 시리즈를 내 매진을 기록했다.
(출처: 페니웨이의 IN THIS FILM 블로그 http://pennyway.net/2073)

는 20번째 스테이지가 마지막이며, 죽지 않는 한 그 판이 무한 반복된다. 그러니까 소설 속에 나오는 23번째 스테이지는 사실 존재하지 않으며, 절대로 깰 수 없는 '현실' 같은 것이라고 해석하면 좋을 것이다. 따라서 손 팀장의 해고와 그로 인한 실종은 반대로 해석해야 한다. 손 팀장은 가장 먼저 직접 너구리가 되어 마지막 스테이지를 클리어한 자였던 것이다. 이 점에서 보면 컴퓨터 게임은 고단한 인생의 레이스에서 지친 자들이 가장 먼저 도피처로 삼는 공간일지도 모르겠다.

윤춘택의 소설 「아버지의 표창」(1985년 〈동아일보〉 신춘문예 당선작)에는 오랜만에 헤어진 친어머니를 만났으나 고작 용돈 2만

원을 받고 별다른 대화도 나누지 못한 주인공이 등장한다. 그는 그 돈으로 고작 『제비우스의 모든 것』이란 게임 공략집을 산다. 한심해 보이겠지만 그에게 〈제비우스〉의 점수는 매우 중요하다. 그저 재밌거나 쉽기 때문에 게임에 집착하는 것은 아닐 것이다. 게임 속 세계에서 주인공은 실력에 비례해 점수를 기록하게 되고, 그것만은 온전히 자신을 드러내는 숫자이기 때문이다. 물론 자존감을 형성하는 실력(=점수)이라는 것도 돈이 없으면 시도할 수 없는 것이다.

### ◉ 나를 플레이해줘

게임 〈너구리〉를 플레이하는 플레이어는 뱀들과 사투를 벌인다. 마땅히 대항할 수단도 없이 그들에게 쫓겨 다니기만 한다. 〈너구리〉가 전 세계적으로 히트하기 어려웠던 이유 중 하나는 수세적인 플레이가 야기하는 지루함도 한몫했을 것이다. 반대로 그래서 끝없이 응원하게 되는 캐릭터로서 한국인들에게 사랑받았는지도 모르겠다. 뱀 이야기가 나와서 말인데, 너구리가 나온 1982년, 미국에서는 뱀을 플레이할 수 있는 게임 〈니블러Nibbler〉가 제작된다. 'Nibbler'는 먹어치운다는 뜻이다.

　이 게임은 복잡하지도 않고, 그렇다고 딱히 재밌지도 않다. 두

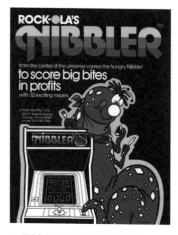
▶ 게임 〈니블러〉 포스터 ⓒRock-Ola's

세 판 하고 나면 더 이상 플레이할 욕구를 느끼지 못했기에 인기를 끌지 못했다. 다만 비슷한 시기에 출시된 다른 게임들과 다른 점이 하나 있었다. 점수 기록이 9자리까지 표시된다는 점이다. 이 때문에 니블러는 게임 플레이 마라톤의 한 종목으로 간주되었다. 게임 제작사 '록 올라'가 〈니블러〉 게임기를 상품으로 건 대회를 열자 몇몇 게이머들은 10억 점을 목표로 매진해나갔다. 그리고 1984년 1월, 팀 맥베이라는 소년은 48시간 연속으로 플레이해 10억 점 달성에 성공한다.

다큐멘터리 〈인간 대 뱀: 니블러를 향한 여정〉은 지금은 공업사에서 일하고 있는 마흔 살 팀 맥베이의 '니블러' 10억 점 재도전기를 다루고 있다. 그 사이 팀 맥베이는 거대한 덩치의 성인이 되었고, 주변의 그 누구도 그가 〈니블러〉 세계 신기록 보유자라는 것을 알지 못한다. 실패한 인생은 아니지만, 그렇다고 별 볼 일 있는 인생이라고도 할 수 없다.

팀은 엔리코 자네티라는 무명의 게이머가 자신도 10억 점을 돌파했다고 주장하자 자신의 기록에 재도전하기로 결심한다. 여기에 또 다른 게이머 드웨인 리처드까지 가세하면서 이야기는 올드 게이머들의 자존심 대결로 발전한다. 그들은 이런 상황을 '마치 〈니블러〉의 뱀이 나를 플레이해줘라고 말하는 것 같았다'고 표현한다. 그들은 옥션에서 중고 기판을 구입해 집 안에 아케이드 게임기를 들여놓고 연습하기 시작한다. 오랜만에 스틱을 만져보지만, 잡는 순간 그들의 눈빛은 변한다. 48시간 동안 쉬지도 않고 게임할 수는 없으니 보너스로 목숨을 99개까지 확보하고 뱀이 제멋대로 죽는 동안 잠시 쉬기도 한다.

하지만 그들은 서로 경쟁하는 것이 아니다. 누구보다 높은 점수를 받아 이기는 것이 아니라 자신의 기록보다 높은 점수를 얻는 것이 목표이기 때문이다. 제목인 '인간 대 뱀'이라는 대결 구도도 따지고 보면 맞지 않은 말이다. 그들은 뱀과 싸우는 것이 아니라 뱀이 되어 〈니블러〉의 회로와 싸우고 있기 때문이다. 그러나 집중력과 체력에서 중년의 게이머는 게임 마라톤을 도저히 버틸 수 없었던 모양이다. 팀은 40시간 이상을 버텼으나 목숨 20개를 쌓아두고 포기하고 만다. 드웨인의 〈니블러〉는 기판에 가해진 충격 때문에 24시간이 넘자 멈춰버린다.

팀은 괴성을 지르며 절망한다. 게임을 이해하지 못하는 관객들은 팀의 심리를 이해하기 어려웠을 것이다. 공개적으로 자존심이 상했을 수도 있고, 한번 시작하면 끝을 보는 게이머의 본능이 현실을 인정하기 어려운 것일 수도 있다. 그럼에도 불구하고 다시 한번 도전하고자 자신의 집 안에 게임기를 놓고 인터넷 중계를 시도한다. 그리고 2011년, 늙은 팀은 어린 팀을 4,000만점 차로 이겨버린다. 이 승리가 값진 이유는 늙은 팀이 대결한 것이 단지 〈니블러〉뿐 아니라 자신이 살아온 삶의 무게이기도 했기 때문이다.

그에게 뱀은 우리에게 너구리와 같은 존재다. 평범한 일상 속에 숨어 있다 어느 날 갑자기 자신을 플레이해달라고 요청해 게이머의 영혼을 자극한다. 난공불락의 스테이지를 클리어하거나 기록적인 점수를 얻음으로써, 게이머들은 자신이 살아 있다는 흔적을 게임 속에 새기려고 노력한다. 아무런 쓸모도 없는 노력처럼 보일지 몰라도 그들 자신에게만큼은 큰 의미가 있는 도전이다. 이후 팀 맥베이는 더 좋은 직장으로 이직하게 되고, 드웨인 리처드는 봉사활동을 시작하며, 엔리코 자네티는 자신의 기록을 공식 인정받는 해피엔딩을 맞이한다. 그들에게 게임 점수는 존재의 무게를 담은 숫자다.

소설 「고마워, 과연 너구리야」의 말미에 주인공은 8대 1의 경쟁률을 뚫고 드디어 정규직이 될 기회를 얻는다. 하지만 상사의 변태적인 성적 요구에 저항할 수 없는 자신을 발견하고 울분을 삼킨다. 그때 너구리가 말없이 등을 밀어주며 위로한다. 아무런 대화도 없이 등만 밀어줬을 뿐인데도 주인공은 창공을 나는 듯한 기쁨을 느낀다.

너구리는 결국 인생도 게임의 연속일 뿐이라는 것, 정 하기 싫다면 두려워하거나 주저할 필요 없이 플레이를 그만두고 다른 게임을 할 수도 있다는 것을 주인공에게 알려주었다. 그리고 주인공은 이렇게 답한다. "고마워, 과연 너구리야."

너구리가 우리의 마음을 이렇게 흔든다. 올드 게이머들에게 묻고 싶다. "당신들의 너구리와 뱀들은 잘 있습니까?"

하늘을 들어 미래를 보다 지친 우리 보조개 썩은 나의 미소 / 나를 만드는 초라한 조각이 끊어진 사람들 / 성냥을 그어 나이 도시 속에 숨어 있는 너구리가 되어 볼까나 / 찬 우리 속에 갇혀 이 밤을 세워 춤을 추는 사람들 / 그 여림 속에서도 가만히 별빛을 보는 시인들

**게임 〈너구리〉를 소재로 한 코카인 넛의 노래 〈너구리〉 가사 중에서**

## 오영진

문화평론가. 2014년 이후부터 문학과 문화의 영역을 폭넓게 오가는 강의를 하고 글을 발표하고 있다. 컴퓨터 게임을 놀이뿐 아니라 현대의 주요한 기술문화양식으로 간주해 연구하고 있다. 주요 평론으로 「컴퓨터 게임과 유희자본주의」, 「인디의 추억」 등이 있고, 「거울신경세포와 서정의 원리」, 「공감장치로서의 가상현실」 등의 논문을 썼다. 『한국 테크노컬처 연대기』(2017)와 『테크노 페미니즘』(근간)을 공저했다. 한양대 ERICA 융복합 교과목 '기계비평'의 기획자 겸 주관교수이기도 하다. 현재 인문학협동조합 총괄이사이자 수유너머 104 회원으로 활동하고 있다.

## 더 킹 오브 파이터즈

# 1990년대
# 아케이드 게임의 어벤져스

강신규

"세상에 슈퍼히어로가 당신 하나라고 생각하나요? 스타크 씨,

당신은 지금 막 더 큰 세상의 일부분이 된 겁니다. 아직 그걸

모르고 있을 뿐이죠."

영화 〈아이언맨〉(2008)의 히든 컷에서 "내가 아이언맨"이라고
폭탄선언을 한 토니 스타크에게 국제 평화유지 첩보기구 국장인
닉 퓨리가 어둠 속에서 던졌던 말이다. 이는 마블스튜디오가 야
심차게 구상해온 마블 시네마틱 유니버스를 관객에게 예고한 것

▶ 마블스튜디오의 슈퍼히어로들이 〈어벤져스〉로 뭉쳤다 ©Marvel

이었다. 얼마 지나지 않아 마블스튜디오의 슈퍼히어로들이 〈어벤져스〉(2012)에 모두 모임으로써 닉 퓨리가 예고했던 '더 큰 세상'이 열리게 된다.

이전에도 서로 다른 시리즈의 주인공이 한 작품에 모였던 예는 영화 〈에일리언 vs. 프레데터〉, 〈13일의 금요일 11: 프레디 대 제이슨〉 등 얼마든지 있었다. 영화뿐 아니라 소설가 모리스 르블랑은 괴도 아르센 뤼팽 시리즈에 코난 도일의 명탐정 셜록 홈즈를 등장시키기도 했다. 논란을 의식했는지 셜록 홈즈Sherlock Holmes 대신 성과 이름의 앞 글자를 바꿔 헐록 숌즈Herlock Sholmes라고는 했지만 말이다.

이렇듯 둘 이상의 서로 다른 작품들을 섞는 것을 '크로스오버crossover'라 한다. 세상에 수많은 매력적인 작품들이 존재하는 만큼, 그것들을 한데 모으면 어떨까 하는 생각 역시 자연스럽게 존재하기 마련이다.

## ⚫ 크로스오버 게임의 탄생

이제 한 게임을 다른 게임들과의 연관 속에서 플레이하는 것 역시 드문 일이 아니다. AOS Aeon of Strife, 〈히어로즈 오브 스톰〉에는 블리자드 엔터테인먼트가 만든 게임의 주요 영웅들이 집결해 있다. 〈소년 점프〉 45주년과 〈V점프〉 20주년을 기념해 2014년에 제작된 비디오 게임 〈제이스타즈 빅토리 버서스〉에는 〈원피스〉, 〈나루토〉, 〈블리치〉, 〈헌터×헌터〉의 인기 캐릭터들이 등장한다.

이보다 훨씬 오래 전부터 크로스오버 게임이 존재했으니, 그 이름하야 〈더 킹 오브 파이터즈 The King of Fighters, 이하 KOF)〉였다. SNK의 〈KOF〉는 1990년대 초의 대전 액션게임 〈아랑전설〉과 〈용호의 권〉 시리즈, 1980년대 출시된 슈팅게임 〈이카리〉 시리즈와 〈사이코 솔저〉 등의 인기 캐릭터가 총집합한 1990년대 게임판 '어벤져스'였다. 〈KOF〉는 〈스트리트 파이터〉 시리즈와 〈철권〉 시리즈 사이를 이으며 1990년대 중후반 전자오락실 대전 액션게임의 황금기를 이끈 주역이었다. 1994년 아케이드판이 첫 출시됐지만, 다양한 플랫폼(아케이드, 비디오 콘솔, PC, 모바일 등)으로 확장되며 20년도 더 지난 지금까지도 속편들을 통해 시리즈의 명맥을 유지하고 있는 '현재 진행형' 게임이기도 하다. 만화, 소설, 드라마, 영화 등 매체 전환 media conversion 도 활발하게 이루어졌다.

▶ 전설의 시작 〈KOF 94〉 ©SNK

　이러한 크로스오버 작품의 대표적인 특징으로 '상호텍스트성 intertextuality'을 들 수 있다. 말 그대로 '상호'와 '텍스트'라는 말이 합쳐진 것이기에 상호텍스트성을 이야기하기에 앞서 텍스트text가 무엇인지 살펴볼 필요가 있다. 텍스트는 말, 이미지, 소리, 몸짓 등을 포함하는 재현 과정의 산물이다. 넓게 보면 '세계'도 하나의 사회적 텍스트가 될 수 있다. 여기서는 '한 편의 게임'으로 한정해도 좋겠다.

　상호텍스트성은 1966년 불가리아 출신의 프랑스 문예이론가 줄리아 크리스테바가 처음 사용한 용어로, 하나의 텍스트가 다른 텍스트들과의 관계 속에서 만들어지고 또 해석되는 것을 의미한다. 세상의 어떤 텍스트도 독립적이며 자기 완결적인 형태로 존재할 수 없다. 또 우리 중 어떤 사람도 다른 텍스트들을 떠올리지 않고서 하나의 텍스트를 해석할 수 없다. 상호텍스트성은 텍스트의 본성이며, 텍스트가 의미를 가지기 위한 일종의 전제 조건인 셈이다.

상호텍스트성 개념은 비슷한 텍스트들을 나란히 비교할 때 특히 유용하다. 그 유사성과 차이점을 훨씬 더 잘 드러낼 수 있기 때문이다. RPG<sub>Role Playing Game</sub>인 〈월드 오브 워크래프트〉를 FPS<sub>First Person Shooting</sub>인 〈카운터 스트라이크〉와 비교하기보다는, 같은 RPG인 〈리니지 2〉와 비교할 때 고유의 특성을 더욱 명확히 밝힐 수 있는 것처럼 말이다. 그런 의미에서 여기서는 상호텍스트성을 좀 더 좁은 의미로 사용하려 한다.

한 텍스트의 상호텍스트적 관계를 살핌으로써 우리는 여러 텍스트를 보다 폭넓게 이해할 수 있게 된다. 예를 들어 〈KOF 94〉부터 〈KOF XIV〉(2016)에 이르기까지 개별 시리즈를 다른 시리즈들과의 연관 속에서 살펴보면, 〈KOF〉 시리즈 전체를 더 입체적으로 알 수 있다는 것이다.

◉ 〈더 킹 오브 파이터즈〉의 상호텍스트성

〈KOF〉의 상호텍스트성을 ① 개별 원작들과 〈KOF〉의 관계, ② 〈KOF〉 시리즈 간의 관계로 구분해 살펴보겠다.

먼저, 개별 원작들과 〈KOF〉의 상호텍스트성을 들여다보자. 〈KOF〉를 위해 SNK 게임 캐릭터들을 한데 모으는 일은 쉽지 않았다. 각 게임이 〈어벤져스〉와 같이 애초에 크로스오버를 염두에 두고 만들어진 것은 아니었기 때문이다. 가령 〈용호의 권〉의 시간적 배경은 1970년대, 〈이카리〉와 〈사이코 솔저〉는 1980년대, 〈아랑전설〉은 1990년대로, 엄밀히 말해 이 게임들의 캐릭터가 원래의 연령대로 동시대에 만나는 것은 이뤄질 수 없는 일이었다. 하지만 가상의 세계 안에서 불가능한 일이란 없다. 〈KOF〉에서는 서로 다른 시공간에 존재했던 캐릭터들이 원래의 나이를 삭제하고, 전성기 시절 모습으로 만난다. 그런 점에서 〈KOF〉는 원작에서 캐릭터를 가져와 새롭게 세계관을 구성한 '스핀오프spin-off'였던 셈이다. 그렇게 구성된 세계관에는 '더 킹 오브 파이터즈 유니버스'라고 이름이라도 붙여야 할 것 같다.

각 게임은 장르도 서로 달랐다. 〈아랑전설〉과 〈용호의 권〉은 대전 액션게임, 〈이카리〉와 〈사이코 솔저〉는 슈팅게임이었다. 게임에서 장르는 캐릭터의 기술과 그 조작법에 큰 영향을 미친다. 따라서 캐릭터들을 대전 액션게임인 〈KOF〉로 불러오는 과정에서 자연스럽게 캐릭터가 사용하는 기술과 조작법도 바뀔 수밖에 없었다. 당시 대전 액션게임 조작에 가장 큰 영향을 미친 것은

1987년에 첫 선을 보인 캡콤의 〈스트리트 파이터〉 시리즈였다. 〈스트리트 파이터〉 시리즈는 레버 입력을 통해 기술을 구사하고, 버튼을 6개나 사용하게 함으로써 대전 액션게임 조작의 패러다임을 바꿔놓았다. 〈KOF〉 역시 레버 입력을 통한 기술 구사, 그리고 4개의 버튼 조작이라는 공식을 따랐다.

다음으로 〈KOF〉 시리즈 간 상호텍스트성을 살펴보자. 시리즈의 시작을 알렸던 〈KOF 94〉는 원래 SNK가 팬 서비스 차원에서 실험적으로 만든 것이었다. 그럼에도 단순히 기존 게임의 주인공들을 모은 종합선물세트 수준에 그치지 않도록, 구사나기 교로 대표되는 오리지널 캐릭터와 루갈 번스타인이라는 오리지널 보스를 추가했다. 이 전략이 하나의 새로운 게임으로서 〈KOF 94〉를 각인시키는 데 주효했다.

마구잡이로 구성한 듯 보였던 '더 킹 오브 파이터즈 유니버스'도 오리지널 캐릭터들에 힘입어 속편이 만들어질 때마다 단단해져 갔다. 덕분에 〈KOF〉는 고유의 정체성을 형성하며, 크로스오버 콘텐츠임에도 오리지널 콘텐츠로 봐도 좋을 정도로 완성도가 높아졌다. 그리고 원작들을 사실상 흡수하고, 부모보다 인기 많은 자식으로서 오늘에 이르고 있다.

〈KOF 94〉의 인기를 등에 업고 SNK는 2003년까지 10년간

▶ 〈KOF 95〉부터 시작된 구사나기 교와 야가미 이오리의 라이벌 관계 ©SNK

매년 후속작을 한 편씩 만들어냈다. 그러다 보니 각 작품의 완결성은 현저히 떨어질 수밖에 없었다. 밸런스 붕괴는 말할 것도 없고, 버그도 넘쳐났다. 밸런스 붕괴는 특정 캐릭터에 대한 선호로 이어졌다. 버그를 이용한 플레이를 매력이라고 하기엔 게이머의 짜증을 유발하는 경우가 더 많았다. 이러한 문제는 해당 작품에서 해결되지 않은 채 다음 작품이 출시되면서 흐지부지됐다. 그럼에도 시리즈가 거듭될수록 늘어가는 새로운 캐릭터, 화끈한 난타전과 화려한 콤보, 다양한 타격 기술과 잡기 기술 등으로 〈KOF〉의 인기는 식을 줄 몰랐다.

〈KOF〉에는 개별 원작, 그리고 시리즈들 간의 관계 속에서 만들어지는 내적 차원의 상호텍스트성만 존재하는 것이 아니다. 외적으로도 〈KOF〉는 게이머나 팬들과 활발히 관계를 맺어왔다. 출시 20년이 지난 지금까지도 〈KOF〉의 오리지널 캐릭터인 구사나기 교나 야가미 이오리, 〈용호의 권〉의 유리 사카자키, 그리고 〈아랑전설〉 시리즈의 시라누이 마이 등은 코스튬플레이의 단골 소재로 사랑받고 있다. 강력한 캐릭터의 힘은 꾸준한 팬픽, 패러디물 등을 만들어내며 2차 창작물 시장의 형성으로 이어지기도 했다.

## ◉ 게임에서 상호텍스트성이 갖는 의미

〈KOF〉는 다른 게임들과도 연결된다. 2017년 7월 15일부터 17일까지 미국 라스베이거스에서 개최된 세계 최고의 대전 액션 게임 대회 《EVO 2017Evolution Championship Series 2017》에서는 〈철권 7〉에 기스 하워드가 등장할 것이라는 소식이 발표됐다. 기스 하워드는 〈아랑전설〉 시리즈에 처음 등장했던 보스 캐릭터로, 특유의 포스와 함께 〈KOF〉 시리즈에도 모습을 드러낸 바 있다. 그는 돌아오는 겨울 〈철권 7〉에 합류할 예정이라고 한다. 반다이남코가 만든 게임에서 SNK 게임 캐릭터가 어떤 활약을 보여줄지 기대와 우려가 교차한다.

이처럼 개별 원작들이 〈KOF〉 속에서, 그리고 하나의 〈KOF〉 시리즈가 다른 시리즈들과 유기적으로 연결된다. 따라서 〈KOF〉를 하나의 텍스트로서가 아닌, 개별 원작들과의 관계, 그리고 다

▶ 2017년 겨울 〈철권 7〉에 합류하게 된 기스 하워드 ⓒ반다이남코

른 시리즈들과의 관계 속에 존재하는 텍스트로서 바라볼 필요가 있다. 물론 〈KOF〉를 추억하고 이야기하기 위해 모든 원작과 시리즈를 플레이해야 하는 것은 아니다. 다른 원작과 시리즈에 대한 구체적인 이해가 없어도 하나의 시리즈를 플레이하고 이해하는 데에는 영향이 없다. 아무래도 우리는 직접 플레이해봤던 몇몇 시리즈를 토대로 〈KOF〉를 기억할 수밖에 없다. 필자만 해도 〈KOF 94〉부터 〈KOF 98〉까지 열심히 플레이했고, 그중 〈KOF 95〉를 대표작으로 꼽는다.

그럼에도 많은 원작과 시리즈를 플레이하는 것은 〈KOF〉라는 하나의 전체 시리즈를 더 잘 이해하기 위해서다. 〈아랑전설〉과 〈용호의 권〉 플레이 경험은 〈KOF 94〉의 세계관을 이해하고 캐릭터의 기술을 조작하는 데 중요한 영향을 미친다. 다시 말해, 개별 작품들은 그 자체로 하나의 독립된 텍스트이지만, 전체 시리즈를 중심으로 하는 또 하나의 거대한 유기적 텍스트가 된다고 볼 수 있다. 각 텍스트는 서로 긴밀하게 연결돼 있다. 이러한 맥락에서 〈KOF〉의 상호텍스트성은 더 큰 의미를 갖게 된다. 하나의 텍스트는 그 자체로 다의적이지만, 상호텍스트적 관계가 존재함으로써 그 다의성은 훨씬 커진다. 개별 작품 차원은 물론, 서로 다른 텍스트들 사이에서 모든 텍스트는 '전 텍스트'와 '후 텍스트'의 상관관계를 맺으며 '텍스트의 소우주'를 만든다. 결국, 이 소우주에 자리 잡은 모든 텍스트는 '간 텍스트inter-text'이고, 소우주는 '콘텍스트context'가 된다.

글의 서두에서 밝혔듯, 대중문화에서의 크로스오버는 이제 더이상 낯선 일이 아니다. 하지만 특히 게임 플레이어들에게 크로스오버는 그것을 인식하기 전부터 존재한 하나의 현상이었다. 멀티 유니버스, 멀티 캐릭터를 플레이어들은 자연스럽게 받아들이고 즐겨왔던 셈이다. 하지만 크로스오버가 하나의 미디어 전략이 된 오늘날, 상호텍스트적 게임은 훨씬 더 전략적이고, 복잡다단해지고 있다.

내가 할아버지가 되어 〈KOF 2040〉이 나올 때를 상상해본다.

얼마나 많은 텍스트들이 뒤엉켜 더 크고 새로운 우주를 만들어내고 있을까? 플레이할 수 있는 캐릭터는 수백 종이고, 이들은 각자의 원작에서 날아와 여기 모여 있을 것 같다. 그리고 오늘도 우리는 우주 속에서 우주를 플레이한다.

**강신규**

영상문화연구자. 온라인 게임 마니아. 저서로 『게임포비아』(공저, 2013), 역서로 『비디오 게임』(공역, 2008), 논문으로 「망가의 초국가적 욕망: 우라사와 나오키의 작품들을 중심으로」(공저, 2014), 「'게임화'로 구축된 텔레비전 리얼 버라이어티 쇼의 게임적 리얼리즘」(공저, 2013), 「문화적 수행으로서의 e스포츠 팬덤에 관한 연구」 등이 있다.

# 이것은
# 야한 게임이 아니다

홍현영

마지막 국민학교 세대에게 오락실은 기묘한 공간이었다. 담배 연기가 자욱하고 피로한 표정의 삼촌들이 앉아 있었고, 도박형 오락기(속칭 파친코)와 격투 게임이 나란히 놓여 있었기 때문이다. 이 알 수 없는 공간이 방과 후 버릇처럼 들르는 곳이 된 것은 90년대 후반이었다. 거기에는 〈펌프〉를 위시한 체감형 게임기들이 오락실을 차지하게 된 영향이 크다. 방과 후 여고생 단체가 모여 오락실에 가는 것은 노래방을 가는 일만큼이나 평범한 일과 중 하나였다. 그때쯤의 오락실은 이미 삼촌들도, 담배 연기도, 파친코도

▶ 〈갈스패닉 S2〉에 등장하는 인물은 왼쪽부터 쌍둥이 아이돌, 신문부 부원, 천문학부 부원과 같이 고등학교를 배경으로 상상할 수 있는 캐릭터들이 동원되었다. ©KANEKO

없는 전혀 다른 모습으로 바뀌어 있었다. 그리고 나의 오락실 입문작은 〈DDR〉이나 〈펌프〉와 같은 체감형 게임이 아닌 속칭 땅따먹기 게임 〈갈스패닉〉이다.

〈갈스패닉〉은 아쉽게도 이 시리즈를 제외하고는 이렇다 할 히트작을 내놓지 못하고 사라진 가네코사의 대표작이다. 국내 오락실에서 주로 접할 수 있는 것은 애니메이션풍 일러스트가 돋보이는 〈갈스패닉 S2〉다. 등장인물로 고등학교를 배경으로 상상력을 발휘할 수 있는 여성의 표상은 다 등장했다고 해도 과언이 아니다. 신문부원, 섹시한 수학 선생님, 초등학생 같아 보이는 쌍둥이 자매와 로봇 팔을 가진 안드로이드까지.[1]

1 위키피디아 〈Gal's Panic〉 항목, https://en.wikipedia.org/wiki/Gals_Panic (2017년 9월 28일 검색)

오락실 입문자가 이 게임에 쉽게 접근할 수 있었던 이유는 직관적으로 알 수 있는 조작 방식 덕분이다. 〈갈스패닉〉은 한 번 보면 누구나 쉽게 시도할 수 있는 조이스틱을 이용한 방향 이동이 플레이의 대부분을 차지한다. 땅따먹기 게임이라는 친숙한 놀이를 게임으로 변용했다는 것도 주요한 요인이었다. 그러나 이 게임을 회자하는 결정적 이유는 오락실을 어슬렁거리던 군중을 단번에 모을 수 있었던 일러스트에 있었다. 헐벗은 소녀들의 일러스트로 인해 통칭 '야겜'이라 명명되었던 〈갈스패닉〉. 이 게임은 과연 기대를 충족시켜주는 내용이었을까?

## 🌑 검열의 시대가 만든 것들

게임 내용을 다시 떠올리기 위해 검색하기 전까지 꽤 오랫동안 게임의 제목을 〈Girl's Panic〉으로 알고 있었다. 블라인드 처리된 배경의 90% 이상을 지우면 나오는 소녀들의 일러스트 때문이었다. 이 게임을 진행하는 플레이어뿐만 아니라 함께 오락실에서 플레이를 지켜보던 사람들은 모두 그의 성공을 간절하게 빌었다. 상의를 탈의하고 포즈를 취하는 각 스테이지의 주인공들을 만나기 위해서 말이다. 그렇지만 100%를 달성해서 본 통칭, '쇼타임'이라는 짧은 동영상의 수위 역시 대난지는 않았다. 아울러 재미있는

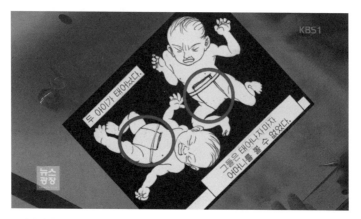

▶ 어린 아이의 누드도 허용하지 않는 검열의 위엄 ©KBS1

사실은 게임의 이미지에서 손쉽게 예상되는 것과 달리 오락실에서 이 게임을 즐기던 플레이어 중 상당수는 여성이었다는 점이다. 그 시절 〈갈스패닉〉을 하던 사람과 그 광경을 지켜보던 공모자들은 대체 무엇에 열광했던 걸까.

제대로 판권을 사오지 않고 '해적판'이라 명명되는 조악한 번역판 만화책이 돌아다니던 때가 있었다. 당시 일본발 순정만화를 한국어로 번역한 작품들은 편집자와 원작자의 그림체를 한 컷에서 나란히 볼 수 있는 경우가 적지 않았다. 예를 들면 상의를 탈의한 것이 분명해 보이는데, 선의 굵기도 다르고 주름도 어색한 러닝셔츠를 덧입고 있는 모양새의 남자주인공이 그러했다. 키스신의 가운데에 위치한 정체불명의 꽃 모양 스크린 톤도 심심치 않게 보였다. 미성년자 보호법, 1997년에는 청소년 보호법이라 공포된 법령의 결과물이었다. 청소년 보호법 제정 당시 입법 취지는 다음과 같다.

> 우리 사회의 자율화와 물질만능주의 경향이 날로 심각해지고 있는 상황에서 음란·폭력성의 청소년 유해 매체물과 유해 약물 등이 청소년에게 유통되는 것을 막고 청소년 유해업소에 청소년이 출입하는 것 등을 규제함으로써, 성장 과정에 있는 청소년을 각종 유해한 사회 환경으로부터 보호·구제하고 나아가 청소년을 건전한 인격체로 성장할 수 있도록 하기 위함이다.[2]

유해 매체가 범람하는 환경을 법적으로 차단하면 '건전한 청소년'을 만들 수 있다는 포부가 돋보이는 내용이다. 여기서 드는 의문은 무엇이 유해한지 판단하는 근거를 어디에서 얻을 수 있었는가에 있다.

기존의 미성년자 보호법에서 개정된 청소년 보호법은 개별 매

---

2 강병연, 『청소년관계법론』, 교육과학사, 2003, 102쪽. 인용된 내용 중 분실희 호롱이 부자연스러운 부분은 윤문을 거쳤다.

체물을 대상으로 청소년 유해 매체물을 결정하던 것에서 나아가 포괄지정제도를 신설한다. 예를 들면 기존에는 문제가 되는 작품이 수록된 잡지가 있다면 해당 호수만을 유해 매체물로 지정했었는데, 이제는 그 잡지 전체를 심사 대상이자 유해 매체로 지정할 수 있게 되었다. 작품을 제작 · 발행하는 회사와 유통사가 자율적으로 청소년에게 유해한지를 결정할 수 있는 자율지정제도도 신설됐다.[3]

이와 같은 검열은 비단 만화에만 적용된 것은 아니다. 게임 역시 검열과 규제의 대상이었다. 청소년에게 영향력이 큰 매체일수록 부작용에 대한 공포는 컸다. 90년대 후반 달걀 모양의 기기 가운데 흑백 화면이 배치된 〈다마고치〉라는 게임이 유행한 적이 있었다. 반다이에서 개발한 이 제품은 당시 초등학생들에게 '손 안의 애완동물'이라는 콘셉트로 붐을 일으켰다.

집계에 따르면 서울 시내에 있는 초등학생 중 13.3%인 10만 1천여 명이 〈다마고치〉를 휴대하고 있었다고 하니 분명 적지 않은 숫자였다. 그런데 1997년 5월 30일 교육부에서는 〈다마고치〉의 교내 반입 금지를 공문으로 명시한다. 공문의 제목은 '전자게임기 소지에 대한 교육적 지도'였으며, "〈다마고치〉는 발신음 때

---

3 강병연, 위의 책, 108~122쪽.

문에 수업에 방해가 될 뿐 아니라 학생들의 인성 발달에도 지장을 준다"는 것이 그 이유였다.[4] 검열과 규제의 목적 자체가 건전한 국민을 육성하는 데에 있다는 걸 다시금 떠올리게 하는 내용이다.

검열은 사후적으로만 이루어지지 않는다. 국내에 수입된 게임은 문화적으로 이질적이거나, 청소년에게 노출되기에는 선정적인 부분은 처음부터 삭제된 채 보급되었다. 1995년 윈도 버전이 발매된 〈프린세스 메이커 2〉 역시 그 사례 중 하나다. 국내판 〈프린세스 메이커 2〉는 엉덩이나 가슴이 지나치게 노출된 일러스트의 경우, 아예 다른 버전의 일러스트로 내용을 대체했다. 가끔씩 찾아오는 행상인이 판매하는 물품 중에서도 '로브'와 같이 노출 수위가 높은 옷은 아예 판매 목록에서 빠져 있었다.

그러나 삭제된 내용과 맥락을 소문으로 접한 플레이어들이 검열자가 바라는대로 건전한 게임 활동만을 했을 리는 없다. 영어판을 입수하는 사람도 있었고, 패치를 통해 딸의 옷을 삭제하고 육성을 즐기는 사람도 있었다. 검열의 범주는 넓어졌으며 적용되는 맥락은 명문화된 규정이 아닌 불안정하고 유동적인 상황에 맡겨졌다. 그리고 확실하게 명문화되어서 언급되지 않은 불안정한 금기들은 오히려 욕망을 창출했다.

---

4 「교육부, '다마고치' 휴대 금지」, 〈연합뉴스〉, 1997년 5월 30일

▶ 〈프린세스 메이커〉 한국판의 바캉스 일러스트가 낯선 사람도 있을 것이다
©가이낙스

### 금기는 욕망을 만든다

진리, 현존재, 장소를 고민하던 철학자들 사이에서 '에로티즘'에
대한 철학적 사유가 필요하다고 주장하는 기인이 나타났다. 그의
이름은 조르주 바타유.

　비단 청소년 보호법이 활용되고 있는 사회의 특징만은 아니지
만, 성性은 언제나 빗대어 말하거나 점잖게 일컬어져야 하는 '취급
주의' 품목으로 다루어진다. 바타유는 에로티즘에 안정적 생활을
전복하는 은밀한 욕망이 숨겨져 있다는 것을 발견했다. 에로티즘
은 현실의 영역을 비집고 나온다. 그리고 에로티즘의 대상은 직접

적으로 존재하는 것이 아니라 현실 너머에 있다.[5] 우리는 모든 나체에서 은밀한 관능을 발견하지는 않는다. 얼굴이 홧홧해지고 조금 더 몰래 보고 싶어지는 그 무엇이 있다면 그것은 대상 자체가 전달하는 내용보다는 그 대상을 통해 상상력을 펼칠 수 있기 때문이다.

〈갈스패닉〉에서 상상력을 발휘할 수 있는 요소는 소녀들의 탈의라는 결과물을 도출하는 과정에 있었다. 어렴풋한 실루엣만 보이던 일러스트에서 영토를 조금씩 넓혀가며 가려진 부분을 볼 수 있는 것은 땅따먹기라는 게임의 속성 덕분이다. 그러나 그 과정은 어딘지 스트립쇼와 닮은 구석이 있다. 이런 연상에는 효과음의 영향이 컸다. 게임은 스테이지를 담당하는 캐릭터를 선택하면 각 캐릭터의 성우 목소리로 시작한다. 좋은 플레이를 하거나 차지하는 공간이 커지면 들리는 성우들의 환호나 리액션 역시 상상에 일조했다. 각 스테이지를 통과할 때마다 "저서 분하다"라든지, "하려고 마음먹으면 할 수 있잖아"와 같은 대사도 들을 수 있었다.

청소년 보호법의 보호 아래 있었지만 유해 매체를 접하는 것은 그다지 어려운 일이 아니었다. 골목을 걸어가다가 길가에 버려져 있는 도색잡지를 발견하거나, 도서대여점 사장님의 묵인 아래 19금 만화책을 빌리는 것은 어렵지 않았다.

---

5 조르주 바타유, 『에로티즘』, 조한경 옮김, 민음사, 2009, 25쪽.

아쉽게도 각 스테이지마다 보상으로 주어지던 〈갈스패닉〉의 일러스트 노출 수위는 이런 잡지 혹은 만화책보다 높지 않았다. 그럼에도 최종 엔딩을 보기 위해 플레이어와 관객들이 함께 열광한 것은 현란한 테크닉을 갈고닦아도 12개 스테이지를 모두 깨기는 어려웠기 때문은 아니었을까. 단계가 올라갈수록 땅따먹기를 방해하던 뱀, 공, 태양 모양의 적은 처음에는 하나만 등장하다 점차 두 적이 동시에 등장하는 형식으로 바뀌었다. 공격 패턴 역시 불규칙적이었다. 그러나 그 와중에도 여유롭게 적을 봉쇄하고 100%로 클리어하는 이는 존재했다.

〈갈스패닉〉의 특수성은 오락실이라는 장소에도 있다. 에로티즘의 영역은 공적인 장소를 피해 은밀하게 시도되는 것이 일반적이다. 그런 의미에서 상의를 탈의한 미소녀 일러스트를 보기 위해 불특정 다수와 함께 있는 경험은 좀처럼 하기 어렵다. 연대감은 타인과 내가 다르지 않다는 것을 느끼는 것에서 오는 충만함이다. 그 시절, 금기를 위반하는 경험은 자신과 함께한 공범들에게 연대감을 동시에 부여한 것이다.

〈갈스패닉〉은 게임 자체의 매커니즘과 별개로 전투 미소녀와 유사한 속성을 가지고 있다. 일본 애니메이션에서 전투 미소녀는 실제적 의미와 무관한 기호화된 존재다. 이들은 세계의 운명을 좌

우할 수 있는 압도적인 전투 능력을 가지고 있다. 그러나 능력에 합당한 외향을 가지고 있지는 않으며, 오직 그 계열을 소비하는 이들의 취향에 맞는 외모와 성격을 지닌다. 그녀들은 가냘픈 체형과, 애니메이션계의 소녀들에게 기대되는 남성 의존적인 성격으로 묘사된다.[6] 미소녀를 표상화하는 과정에서 핵심

▶ 폭유 하이퍼 배틀이라는 기상천외한 장르명을 내건 〈섄란 카구라—소녀들의 진영〉 ©마벨러스

적인 요소는 현실적인 설득력보다, 이러한 장르를 소비하는 이들의 취향에 부합하는 다양한 캐릭터를 늘어놓는 것이다. 그러나 이와 같은 구별의 차이는 무의미하다.

사실 땅따먹기라는 게임의 규칙과 미소녀 일러스트의 결합은 상당히 이질적이다. 그러나 게임을 하는 이들에게 그 결합이 유기적인 것인가는 중요하지 않다. 〈갈스패닉〉은 단계마다 다른 매력

6 『전투 미소녀의 정신분석(戰鬪美少女の精神分析)』의 저자 사이토 다마키는 이와 같은 전투 미소녀의 속성을 일본 애니메이션의 특징으로 평가했다. 〈툼 레이더〉의 라라 크로프트에게 요구되는 요소와 〈카드캡터 사쿠라〉의 사쿠라에게 기대하는 요소는 분명 다르다. 일본 애니메이션계의 전투 미소녀사와 해외의 주요 전투 미소녀의 비교에 대해서는 『전투 미소녀의 정신분석』(지쿠마쇼보, 2006) 173~253쪽 참조

을 가진 소녀들을 내세우지만, 그 차이 역시 유의미한 것이 아니다. 플레이어는 게임의 재미를 소진할 수 있는 소재로 배치된 그녀들을 스쳐 갈 뿐이다. 땅따먹기라는 게임 과정에서 스트립쇼가 연상되듯, 전투 미소녀의 결투 과정에서는 옷이 찢기는 모습이 적지 않게 등장한다. 이제는 〈섬란 카구라〉와 같이 전투 중에 옷이 벗겨지는 클리셰를 노골적으로 내세우는 게임도 많다.

금기는 영원하지 않다. 〈갈스패닉〉으로 오락실 게임에 입문했던 나는 이상하게도 〈섬란 카구라〉는 할 의욕이 생기지는 않는다. 〈갈스패닉〉의 쇼타임에 환호하던 청소년은 이제 청소년 보호법에 적용을 받지 않는 어엿한 성인이 되었다. 그 시절 금기였던 것이 이제는 금기가 아니게 되었으니, 욕망의 대상도 영원하지는 않을 수밖에.

**홍현영**

1980년대 후반, 패미콤을 화목한 가족 구성원의 필수품으로 광고한 덕분에 유년기의 시작과 함께 게임의 세계에 입문한 게이머. '헬조선에서 게임을 읽다' 기획에 참여했다. 성균관대 교양수업 '게임과 인문학', 글로컬문화콘텐츠 전공수업 '게임과 현실'의 강사진 중 한 명이다. 인문학협동조합 뉴미디어비평스쿨 기획 특강 중 '쪼렙이어도 괜찮아–승자의 룰에서 벗어나 게임을 즐기는 법'을 강의했다.

스페이스 인베이더

# 비디오 게임은
# 우주 전쟁을 어떻게 구현하는가

나보라

(전략) 전자오락이라곤 〈벽돌깨기〉 밖에 없었던 당시, 새로 출현한 〈스페이스 인베이더〉에 대해 퍼진 입소문은 꽤나 대단했다. (중략) 더운 날씨와 흥분으로 달아오른 탓에 벌개진 얼굴로 아이는 마침내 오락실에 도착했다. (중략) 저게 '인배다'인가 하면서 사람들 사이를 비집고 다가갔다. 하지만 (중략) 아이는 화들짝 놀라고 말았다. 기계에 예약된 동전이 30개는 족히 넘었던 것이다!

『재미의 비지니스 – 경제학으로 본 게임』, 허준석 지음, 책세상, 2006, 7~8쪽

▶ 〈벽돌 깨기〉의 지면 광고. 당시 빵집, 다방 등에
는 이런 테이블식 전자오락 기계가 놓여 있었다. 이
기계를 기억한다면 당신의 연식은…(숙연)
(출처: http://blog.naver.com/PostView.nhn?blogId=s5we
&logNo=220998135942)

이상은 1970년대 말 〈스페이스 인베이더〉가 처음 동네오락실에 등장했을 때를 회고한 글의 일부다. '인배다'라고 대충 발음되곤 했다는 이 게임은 등장하자마자 한국의 수많은 어린이와 청소년, 그리고 일부 어른들 마저 매료시켰는데, 이와 같은 폭발적인 인기는 한국 고유의 아케이드 플랫폼이라 할 수 있는 '전자오락실'의 확산으로 이어졌다. 물론 이전에도 유원지나 빵집, 다방 등지에서 〈퐁〉이나 〈브레이크 아웃(벽돌깨기)〉 계열의 (아마도 복제판) 전자오락기계들을 접할 수 있긴 했으나, 전자오락 고유의 공간 형성까지 나아가지 못했다는 점에서 〈스페이스 인베이더〉는 한국 게임사적으로 특별한 의미를 지닌다.

〈스페이스 인베이더〉의 기록적인 성공이 비단 한국에 한정되었던 것은 아니다. 개발국이었던 일본에서는 동전 품귀 현상을 일으킬 정도로 붐을 일으켰고, 세계로 수출되면서부터는 이전까지 미국이 주도했던 비디오 게임 산업에 일본산 게임들의 '침공'이 본격화되는 계기가 되기도 했다.

〈스페이스 인베이더〉의 기록적인 흥행을 이끈 요인으로는 단연 게임 디자인 측면의 혁신을 꼽을 수 있다. 무엇보다도 화면 상단으로부터 밀려 내려오는 외계 우주선들의 존재는 이전까지 그 어떤 비디오 게임도 보여주지 못한 '역동성'을 선사했다. 이전까지의 비디오 게임들은 대개 고정되어 있는 적을 쏘거나 장애물을 피하는 식이었기 때문이다. 뿐만 아니라 밀려 내려오는 적들에 대항해 살아남아야 하는 주인공/플레이어의 상황을 플레이를 통해 직접 인식할 수 있게 해주었다는 점은, 비디오 게임으로서 〈스페이스 인베이더〉가 게임 디자인의 측면과 관련해서 오늘날에도 여전히 유효한 메시지를 던지는 지점이다. 거기다 게임의 진행과 함께 고조되는 음향의 연출 – 적이 단 하나 남았을 때 최고조에 이르는 – 또한 플레이어가 밀려 내려오는 적들의 공격 속에서 살아남아야 하는 (화면 속의) 상황에 상상적으로 몰입하도록 하는 역할을 수행한다. 아마도 〈스페이스 인베이더〉는 비디오 게임에서 음향의 연출이 어떠한 효과를 선사할 수 있는지를 명확하게 보여준 사례로 꼽을 수 있을 것이다.

결국 〈스페이스 인베이더〉는, 말하자면 게임사에 있어 일종의 이정표를 세운 게임이라 할 수 있다. 이러한 〈스페이스 인베이더〉

의 중요성이야 여러 가지 측면에서 설명할 수 있겠지만, 여기서는 이 게임이 우주전쟁이라는 주제를 다루는 '비디오 게임 특유의 방식'에 초점을 맞춰보려고 한다.

### ◗ 〈스페이스 인베이더〉가 우주전쟁을 구현하는 '특별한' 방법

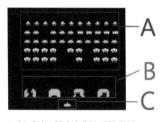

▶ 〈스페이스 인베이더〉의 게임 화면
(시각적 기호 중심) ⓒ타이토

이 논의는 우선 우리에게 익숙한 〈스페이스 인베이더〉의 게임 화면을 관찰하는 것으로 시작한다.

기계에 동전을 넣고 게임이 시작되면, 플레이어는 우선적으로 A, B, C라는 3가지 유형의 시각적 기호들을 인식하게 된다. 즉 화면 하단의 기호 C는 플레이어의 콘트롤이 반영되는 대상이라는 것, 기호A 그룹은 C를 공격하는 적대적인 대상이라는 것, 기호B는 그 중간에 고정되어 있으면서 A의 공격을 어느 정도 막아준다는 것을 인식하게 되는 것이다.

이처럼 플레이어가 우선적으로 인식하게 되는 화면상 시각기호들의 '기능'과 '관계'를 '1차적 기호작용first-order sign'이라 부른다. 화면에 나타나 있는 시각적 기호들의 기능 및 상호관계를 통해 플레이 중 발생하는 의미를 인식한다는 뜻이다. 이 단계에서도

플레이 자체는 가능하지만, 만약 비디오 게임의 시각적 기호작용
이 1차 단계에 그친다면 그 플레이 경험은 매우 단조롭고 건조해
질 것이다. 플레이어는 아직 이 기호들이 상징하는 존재들의 정체
는 무엇인지, 왜 서로 적대적인 관계인지, 어떻게 해서 이러한 상
황이 벌어지게 된 것인지 등을 알지 못한 채 기호들의 움직임에
따라 벌어지는 상황에 대응해서 컨트롤러를 조작하는 행위를 반
복할 뿐이기 때문이다.

이 무의미하고 단조로운 반복행위로부터 풍부한 의미가 발생
하게 되는 것은 '외계 우주의 적으로부터 침공당했다'는 서사적
설정이 부여되면서부터다. '외계로부터의 침공'이라는 서사적 설
정에 의해 화면 상단으로부터 밀려 내려오는 기호 A는 외계에서
침공해온 우주선들로, 화면 하단의 기호 C는 그에 대항하는 지구
방위군으로 탈바꿈하는 것이다. 여기서 중요한 부분은 이와 같은
게임의 배경 서사가 각각 '외계인처럼 생긴', '지구군처럼 생긴',
그리고 '요새 같은 모양새'를 지닌 기호들의 시각적 디자인에 의
해 뒷받침된다는 점이다. 각 기호의 기능과 상호관계에 의해서 발
생하는 1차적 기호작용에 따른 의미가 보다 개연성과 일관성을
갖추게 되는 것은 바로 그와 같은 서사와 시각적 디자인에 의해서
다. 결국 이러한 과정을 통해 플레이어의 단조로운 반복적인 버튼

누르기가 외계 우주선에 맞서 전투를 벌이는 행위로 상상적으로 치환되는 것이다. 이를 '2차적 기호작용second-order sign'이라 한다.[1]

이와 같은 비디오 게임의 기호작용은 미국의 기호학자 데이비드 마이어스David Myers의 설명을 빌려온 것인데, 그 핵심은 비디오 게임의 '시각성'에서 찾을 수 있다. 1, 2차 기호작용 모두 플레이어가 게임화면을 보면서 관찰하고 해독하면서 진행되는 것이기 때문이다. 마이어스에 따르면, 우리가 지금까지 살펴본 '외계 우주선의 지구 침공'이라는 서사적 설정이 게임의 1차 기호작용에 의해 발생되는 의미를 상상적으로 확장시키는 것을 '서사에 의한 기호적 맥락의 확장'이라 부를 수 있다. 그리고 그러한 상상적 게임 플레이의 경험은 배경 서사에 부합하는 시각적 디자인에 의해 보다 개연성 있게 구축되는데, 이는 시각적인 디자인이 배경 서사와 무관하게 임의로 구현되었을 경우와 비교해보면 매우 명확해진다(우측 상단 그림 참조).

20세기 중반에 출현한 이래 비디오 게임의 발전이(적어도 닌텐도 wii가 등장하기 전까지) 지속적으로 보다 리얼하고 정교한 시(청)각적 표현에 집중되어왔음을, 그리고 (일부에서 제기된 무용론에도 불구하고) 게임에 서사가 꾸준히 활용되어왔음을 상기하면, 우리

---

1 David Myers, 『The Nature of Computer Games – Play as semiosis』, Peter Lang, 2003.

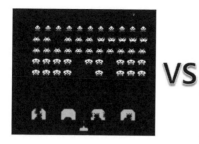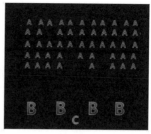

▶ 〈스페이스 인베이더〉의 오리지널 버전(왼쪽)과 알파벳 A, B, C로 재구현된 버전(오른쪽). 만약 〈스페이스 인베이더〉가 오른쪽 그림처럼 시각적인 요소가 뒷받침이 되지 않았다면, 배경 서사의 존재에도 불구하고 그 플레이 경험의 상상적 확장은 매우 제한되었을 것이다.

가 〈스페이스 인베이더〉를 통해 살펴보았던 시각성은 분명히 비디오 게임의 중요한 그리고 고유한 특성임을 확인할 수 있다.

### ● 〈스페이스워!〉 vs. 〈스페이스 인베이더〉

한편 최초의 우주전쟁 게임이 〈스페이스 인베이더〉였던 것은 아니다. 그보다 훨씬 앞선 1961년에 미국 MIT에서 PDP-1용 〈스페이스워!〉라는 게임이 개발된 바 있기 때문이다. 이 게임은 당시 아직 비디오 게임이라는 개념 자체가 희박하던 시기에 두 대의 우주선이 우주공간에서 전투를 벌인다는 내용을 시각적으로 훌륭하게 구현해낸 비디오 게임이었다.

또한 이 게임은 그 소스가 공개되어 있어 당시 컴퓨터 프로그래밍에 관심이 있던 사람들이 이런저런 시도를 할 수 있었는데,

▶ PDP-1용 〈스페이스워!〉를 시연하는 장면과 그 게임 화면.
(출처: http://www.computerhistory.org/pdp-1/spacewar(좌), http://thedoteaters.com/?bitstory=spacewar(우))

이러한 시도들은 동료 플레이어들의 반응에 따라 수용되기도 하고 거부되기도 했다. 예를 들어 두 우주선 근처에 블랙홀을 삽입함으로써 난이도와 극적 긴장을 높인다던가 배경에 우주천문도를 입힘으로써 우주공간의 느낌을 살리는 시도는 호응을 얻었지만, 미사일의 궤적에 중력과 우주선의 이동 속도 등 실제적인 데이터를 적용하려 했던 코딩 시도는 플레이의 '재미'를 반감시킨다는 평에 따라 삭제되었다. 즉 이 시기에 벌써 사실성과 재미 간 길항관계라는, 비디오 게임의 본질적인 고민이 시작되었던 것이다.[2]

당시 아직 컴퓨터가 대중화되기 전이라 대학이나 연구소 등 특정 분야의 사람들만 접할 수 있었다는 한계는 있었지만, 그 가운데 훗날 비디오 게임 산업의 창시자가 되는 놀런 부쉬넬Nolan

---

2 박상우, 「컴퓨터 게임이란 무엇인가?」, 『알고 누리는 영상문화』, 도서출판 소도, 2005, 154쪽.

Bushnell이 있었다는 사실은 게임사에서 이 게임이 지니는 중요성을 보여준다. 아타리의 창시자 부쉬넬이 〈퐁〉에 앞서 최초로 상업화 했던 비디오 게임이 바로 이 〈스페이스워!〉를 아케이드 용으로 개조했던 〈컴퓨터 스페이스〉였던 것이다.

이처럼 〈스페이스워!〉는 여러모로 기념비적인 비디오 게임이긴 하지만, 두 명의 플레이어가 경쟁하는 방식이라는 점에서 그 한계를 찾을 수 있다. 즉 우주전쟁이라는 주제를 표현하기는 했지만, 게임의 플레이 경험 자체는 인간 플레이어들 간의 '경쟁'에 초점이 맞춰져 있었다는 것이다.

그에 반해 〈스페이스 인베이더〉는 우선 그것이 1인용이라는 점에서 동일한 우주전쟁의 주제일지라도 그 플레이 경험의 초점이 다른 데에 놓여 있음을 알 수 있다. 예컨대 〈스페이스 인베이더〉의 외계 비행체들은 화면 상단에서부터 밀려 내려온다는 특징이 있는데, 이처럼 물밀듯이 밀고 내려오는 외계 비행체들의 공격 속에서 얼마나 오래 살아남을 수 있는가의 문제가 게임플레이의 핵심으로 부상한다. 즉 플레이 경험의 중심이 (상대와의 경쟁이 아닌) '생존'에 놓이게 되는 것이다. 이 게임을 기점으로 '슈팅'이라는 비디오 게임 고유의 장르가 구축되기 시작한 것은, 아마도 그와 같은 독특함이 비디오 게임 고유의 것으로서 수용되었기 때문일 것이다.

## ◉ 비디오 게임만의 고유한, 그 어떤 것

지금까지 〈스페이스 인베이더〉의 특별한 우주전쟁의 구현방식을 살펴보았다. 궁극적으로 그 특별함이란 비디오 게임 고유의 매체성으로 이어지는데, 왜냐하면 비디오 게임이 자신만이 할 수 있는 표현방식을 통해 (게임의 '플레이'라고 불리는) 고유한 수용 경험을 형성해왔기 때문이다. 특히 1, 2차 시각적 기호작용은 그 플레이 경험에 있어 비디오 게임과 그 이전의 기계식 오락들mechanical amusement machine 간 결정적인 차이점을 제공한다는 점에서 중요하다. 핀볼 같은 기계식 오락들의 플레이 경험이 버튼을 누르거나 스틱을 당기는 등 물리적 촉각성tactility 중심이었다면, 비디오 게임에서는 시각적 기호들을 해독decode하는 과정이 그 플레이 경험에서 핵심을 차지한다. 그리고 이는 반대로 비디오 게임이 (인코딩을 요하는) 일종의 표현매체라는 것을 뜻하기도 한다. 〈스페이스워!〉와 〈스페이스 인베이더〉가 우주전쟁이라는 동일한 주제에도 불구하고 각각 경쟁과 생존이라는 상이한 플레이 경험을 구현했음을 상기하면, 표현 매체로서 비디오 게임의 정체성은 명백해진다. 2011년 미국에서 표현 매체로서 비디오 게임의 정체성을 인정했던 유명한 판결Brown v. EMA[3]은 바로 그러한 점에 기인한 것일 테다.

하지만 이 지점에서 정말 중요한 부분은 '비디오 게임도 표현 매체'로서 인정받았다는 것보다는, 그래서 '비디오 게임이란 어떠한 표현 매체'인가라는 문제일 것이다. 즉 비디오 게임이기에 가능한 소재, 주제, 표현방식 등 그 고유한 어떤 것이란 무엇인가의 문제야말로 핵심이라는 것이다. 지금까지 인기 게임의 영화화가 늘 실패해왔다는 사실은 바로 그러한 점에서 의미심장한데, 비디오 게임만이 표현할 수 있는 뭔가가 있음을 의미하기 때문이다. 그리고 바로 이러한 부분이야말로 앞으로 게임 연구가 주목해야 할 영역일 것이다.

**나보라**

유아기 이래 변방 게이머였다가 대학원에서 우연히 게임 연구를 접하면서 게임 연구자의 길로 들어섰다. 2006년 「게임플레이 경험에 관한 연구: 디지털게임장르를 중심으로」로 석사학위를, 2016년 「'게임성'의 통사적 연구: 한국 전자오락사의 이론적 고찰」로 박사학위를 취득했다. 게임의 문화와 역사가 주 관심사이고, 궁극적으로 게임학 분야에 다양한 연구자들이 모여들 수 있도록 '소개'하고 '초대'하는 것이 목표다.

---

3 미국의 동부 지방법원은 1982년 비디오 게임을 핀볼 같은 기계적 오락장치 또는 체스나 야구 같이 규칙들로 구성된 레크리에이션 활동으로 파악한 판결을 내린 바 있다. 이는 곧 비디오 게임이 표현의 자유를 향유할 수 있는 표현 매체로서의 정체성을 인정받지 못했음을 의미하는 것이었고, 다른 관련 판결들 또한 이와 같은 입장을 취했다. 하지만 이후 비디오 게임이 고유한 예술적 특징을 발전시킴에 따라 사법부도 '예술의 한 형태'로서 비디오 게임을 인정하고 그에 따른 표현의 자유를 강조하는 입장으로 선회하기 시작한다. 2011년의 Brown v. EMA는 그와 같은 사법부의 입장 선회가 연방대법원의 수준에서 확정되는 판결이었다.

# 오락실의 추억과
# 게이머 시민권

신현우

한국에서 오락실은 매우 특수하고 다차원적인 장소로 각인되어 있다. 오락실은 기피 대상이면서 도피 장소였고, 금지 구역이면서 안전 가옥이었으며, 추억인 동시에 길티 플레저Guilty Pleasure였다. 오락실은 애증이 함께하는, 경이와 환멸의 틈새 공간이었다. 어쩌면 80년대와 90년대에 유년기를 보내지 않았던 세대에게는 이런 말들이 금방 와닿지 않을 수도 있다. 2000년대 초반 아케이드 산업은 사양길에 접어들었고, 동네 오락실은 대부분 사라졌기 때문이다. 오늘날 오락실은 2차 술자리를 가다가 잠시 들러 동전을 넣

▶ 영화 〈살인의 추억〉의 한 장면. ⓒ싸이더스

고 마구 두드리는 장소, 연인과 영화를 보기 전 액션 연습을 하는 장소, 놀이기구를 타다가 지쳐서 아들딸을 오락기 앞에 앉혀놓고 쉬는 장소가 되었다.

하지만 불과 90년대까지만 해도 오락실은 어디에서든 찾아볼 수 있었다. 오락실은 시끌벅적하고 역동적이었다. 서툴게 버튼 누르는 소리, 동전 쏟아지는 소리, 아이들의 고함, 뽕뽕거리는 8비트 효과음, 완벽한 콤보를 지켜보던 구경꾼들의 감탄사, 동네 형들의 험상궂은 얼굴과 경계심으로 가득 찬 주인아저씨의 눈초리, 그리고 대문짝만하게 적힌 '지능계발'이란 문구 등. 그 시절 유년기를 보낸 사람들에게 오락실은 뤼미에르 형제의 최초 영화 상영이나 멜리에스의 〈달세계 여행〉만큼이나 경이적인 구경거리였던 것이다.

## 🔵 일본 가정용 게임기 닌텐도와 한국의 PC방 문화

오락실 하면 자욱한 담배 냄새, 양아치들 집합소, 탈선 장소 등 대부분 부정적 이미지가 떠오른다. 오락실은 자녀들에게 금지해야 할 대상이었고, 그곳을 찾는 사람들에게 죄의식을 갖게 만드는 유희 공간이었다. 이는 오락실뿐만 아니라 대부분의 서브컬처 혹은 대중문화 전반에 걸친 분위기였다.

70년대에는 방과 후 몰래 영화관에 간 학생들을 잡으려고 선생님들이 매표소 앞에 잠복하고 있었다. 유신 정권은 각본 심사, 시나리오와 필름 검열 등을 통해 영화의 내용을 철저히 검열했다. 전설적인 로커였던 신중현은 복장 불량 및 퇴폐적이라는 이유로 방송 출연과 음반 판매가 금지됐다. 〈대한늬우스〉가 방영되고 모든 음반에 건전 가요가 수록되며, 거리에서는 장발과 미니스커트 단속이 행해졌다. 박정희 체제는 '미풍양속'을 내세워 영화·만화·음악·방송 등 사실상 모든 종류의 대중문화를 말살하려 했다.

이러한 이유로 한국에서 본격적인 문화산업과 대중문화, 그리고 서브컬처가 태동한 것은 80년대 중반부터라고 할 수 있다. 그것조차도 정부에 의해 아주 제한된 형태로 나타났다. 조국 근대화를 빌미로 시작된 기나긴 전체주의적 억압은 87년 체제 이후로도 계속되어 오늘날까지 이어지고 있다. 정부기관의 인터넷 포털 사이트 검열, 카카오톡 데이터 수집, 그리고 셧다운제로 대표되는 국가적 게임 규제와 검열 등 아직도 현재진행형인 셈이다.

이 기저에는 군사정권의 근대화 논리와 결합한 동아시아 특유의 입신양명주의, 유교적 엄숙주의가 내재되어 있다. 개인의 자아실현과 국가 근대화를 동일시하면서 삶의 모든 것을 경제지표에 내던져야 했던 시대에 여가생활은 죄악시되었다. 청장년 세대는 종속적인 노동에 종사해야만 했고, 유소년들은 초개처럼 산업 발전에 투신해야 했다. 이 국가적 가이드라인에서 벗어나 개인의 환락을 누린다는 건 용납될 수 없을뿐더러, 쿠데타로 설립된 정권이 내세운 유일한 명분에 반하는 일이기도 했다. 군사정권은 사람들이 예술과 문화에 빠져 자신들만의 대화를 하는 것이 영 불편했다. 그래서 신군부 시절에는 3S(스포츠, 스크린, 섹스)로 대표되는, 관제된 환락 문화만이 허용됐다.

아버지와 어머니도 자녀가 오락이나 만화에 빠져 경쟁에 뒤처지는 것을 불안해했다. "공부를 그렇게 했어 봐라" "지금 이 순간에도 경쟁자의 책장은 넘어가고 있다"와 같은 말들은 국가 발전의 일꾼, 아니 그 일꾼들의 생산관계에서 벗어난 관료나 '사'자가 들어가는 직업을 갖게 하려는 욕망에서 비롯됐다고 할 수 있다. 이를 면피하기 위해 '지능계발'이라는 문구를 붙인 아케이드 게임 문화는 그러한 과도기에 아슬아슬한 줄타기를 하고 있었다.

사실 일본에서도 '오락실은 탈선의 온상'이란 인식이 강했다. 하지만 일본은 이미 고도 경제성장을 이룩한 뒤, 돈과 일자리가 넘쳐나던 시기였다. 오히려 그 틈을 파고든 '가정용 게임기' 닌텐도가 대성공을 거둬, 비디오 게임 시장이 연착륙했다. 반면 한국이 경제성장 최고조에 진입한 90년대에도 가정용 게임기는 여전히 자녀들의 미래를 위협하는 기기였고, 그 대신 PC의 보급으로 타협이 이루어졌다.

이로 인해 한국에서는 상대적으로 PC 게임과 온라인 게임 문화, PC방 문화가 발달했다. PC는 어쨌거나 경쟁에서 앞서 나가기 위해 반드시 익혀야만 했던 문물이고, 가정에 한 대씩 들어서면서 PC 관련 서적이 붐을 일으켰으며, 중산층 자녀들을 대상으로 한 PC 과외가 성행했다. 화려한 그래픽과 뛰어난 접근성으로 무장한 PC 게임은 무엇보다도 '나는 게임을 한다'를 '나는 컴퓨터를 한다'로 둔갑시킬 수 있었다. 불법 복제한 디스켓과 CD를 주고받으며, '알트탭Alt+Tab 신공'을 통해서.

기나긴 터널을 뚫고 달려온 결과, 한국은 경제 규모 11위, GDP

2만 달러의 신흥 중진국이라는 허울을 얻게 됐다. 그러나 과연 살림살이가 나아졌을까? IMF 구제 금융과 실업난, 지속되는 신자유주의 경제의 도입, 살인적인 경쟁의 일상화, 1,000만이 넘어간 비정규직·하청·아웃소싱 종사자와 내면화된 갑질 문화, 아무리 노력해도 뚫을 수 없는 유리천장, 세대갈등, 젠더갈등, 계급구조의 공고화 등 셀 수도 없이 많은 모순들이 삶과 함께하고 있다.

도대체 뭘 위해서 그렇게 열심히 공부했는지, 토익 만점에 각종 자격증, 대학과 스펙은 차고 넘치는데 왜 일자리는 줄어만 가는지, 이럴 거면 만화와 게임은 왜 몰래 즐겨야만 했는지, 2년짜리 계약직에 월급은 안 오르는데 왜 물가만 살인적으로 치솟는지, 어째서 이웃 나라 일본 물가가 더 싸게 느껴질 정도인지, 도무지 의문투성이인 것들뿐이다. 분명한 것은 푼푼이 모은 동전으로 몰래 오락을 하던 그 시절로 돌아갈 수 없고, 앞으로도 그러기 힘들 거라는 것이다.


### ◉ 오락실이라는 광장에 모인 사람들

민주정치와 대중문화 모든 것들이 숨죽여야만 했던 시대, 그리고 형식적 민주주의가 쟁취되고 난 이후에도 눈치를 봐야만 했던 날들 가운데 오락실은 하나의 기술적 외경의 공간, 디지털 판타스마고리아Phantasmagoria였다. 독일의 문예비평가인 벤야민은 근대가 쌓아올린 고도 기술 문명과 자본주의 상품 미학의 실체를 분석하기 위해 그 물적 토대인 도시, 그중에서도 소비문화가 집중되는 아케이드의 풍경을 탐구했다. 매끈하고 아름다운 새 건축물, 눈부신 상점가의 간판들과 쇼윈도 너머에서 욕망을 자극하는 상품들, 최신 패션, 사진과 영화 등 19세기 파리의 아케이드는 단순한 소비 공간이 아니라 상품의 빛들로 가득한 판타스마고리아로 변모한다. 힘든 일과를 마친 도시 빈민과 가난한 예술가들, 룸펜들, 학생들은 이 판타스마고리아가 자아내는 마법 같은 빛에 이끌려 산책자flaneur가 된다.

그러나 배회하는 산책자들을 지배하는 정서는 즐거움이 아닌 우울함Melancholy이다. 하루 노동을 마친 산책자들은 아케이드의 쇼윈도에 진열된 상품이 자신들을 향해 전시된 것이라고 믿지만, 사실 전시되고 있는 것은 그 자신이다. 도시라는 자본주의 구조물은 산책자들의 임금노동과 소비, 착각을 통해 성장하기 때문이다. 투명한 쇼윈도는 불일치하는 노동과 임금, 생산과 소비, 욕망과 좌절의 경계를 매끄러운 구두와 포장지의 프리즘으로 굴절시키고 경계를 짓는다. 이 경계와 마주한 산책자들은 결국 욕망하면서도 아무것도 소유할 수 없는 자신, 물신화된 내면과 마주하고 깊

▶ 아치형의 천장과 고전양식의 기둥, 고급스러운 간판과 쇼윈도, 패션으로 수놓인 19세기 파리 아케이드(左)와 생활공간, 상점, 작업장이 뒤섞여 있는 1976년 서울의 도심 쇼핑가(우 ©서울시). 난개발과 유예된 근대가 뒤섞이면서, 서울이라는 도시에서 욕망은 콘크리트 내부의 은밀한 공간 안으로 철수되었다.

은 우울감에 빠져드는 것이다.

그런데 우리가 잘 알다시피, 한국의 도시는 19세기 파리와는 다른 면모를 지니고 있다. 군사정권의 대중문화 억압과 전광석화처럼 진행된 근대화에 의해 도시는 세련된 건축물이 아닌 흉물스러운 시멘트 빌딩으로 채워졌다. 전통은 모조리 부서지고 묻혔으며, 역사적인 건축물은 슬레이트 지붕을 얹은 집들로 갈아엎어졌다. 거리에는 매혹적인 상품보다는 최루탄과 죽음, 애도가 울려 퍼졌다. 통금을 알리는 사이렌 소리에 의해 산책은 금지됐으며, 최신 유행과 패션은 복장 검사로, 영화와 만화 등 구경거리는 검열로 난도질당했다.

배회할 만한 아케이드조차 없는 도시에서 사람들이 내면을 마주할 수 있던 곳은 경계가 아닌 광장이었다. 당구장, 오락실, 만화방, 호프집 등 상품과 환락의 은밀한 빛은 마구잡이로 올라간 건물 내부와 뒷골목으로 숨어 들어갔다. 뿅뿅거리는 전자음과 화려한 8비트 그래픽이 내뿜는 디지털 기술의 화려한 빛은 아이러니하게도 거리와 작업장이 아닌 학교의 소년과 젊은이들을 꾀어냈던 것이다. 임금 노동 종사자가 아닌, 예비 노동력이자 국가 발전의 꿈나무들을 말이다. 자본주의 하이테크놀로지가 발명해낸 생산품, 반도체와 전자회로의 집합체였던 아케이드 게임은 그렇게 산책자 소년들의 도착지가 되었다.

벤야민은 "과거의 진정한 이미지는 휙 지나가며, 과거는 인식 가능한 순간에 인식되지 않으면 영영 다시 볼 수 없게 사라지는 섬광 같은 이미지로서만 붙잡을 수 있다"고 「역사철학 테제」에 적었다. 또한 "과거를 역사적으로 표현한다는 것은 그것이 '원래 어떠했는지'를 인식하는 일이 아니라, 위험의 순간에 섬광처럼 스치는 어떤 기억을 붙잡는 것을 뜻한다"고 이야기한다. 전체주의적 감시와 훈육이 오늘날까지도 기능하고 있는 지금을 상기해보면, 20세기 소년들이 머물렀던 디지털 판타스마고리아의 시공간을 그냥 흘려보내선 안 될 것만 같다. 천편일률적인 콘크리트로 채워진 이 회색 도시에서, 오락실은 정보산업의 예비 일꾼으로서

나 자신이 전시되는 동시에 '전자파로 내가 나 자신을 조절할 수 있는' 이율배반적인 장소였기 때문이다.

셀 수 없이 많은 상품이 만들어지고, 수많은 사람이 그 빛에 이끌려 들어와 팽창하는 도시는 모든 것이 완벽해 보인다. 그러나 사실 도시는 항시 끓어오르는 저항의 힘들 때문에 불안정하기 짝이 없는 공간이다. 역설적이게도 도시는 거리와 광장을 제공하기 때문이다. 우울감은 분노로, 괴리감은 더 나은 삶을 향한 열망으로 변한다. 그렇게 퇴적된 모순과 불만은 한순간에 폭발한다. 이 마법 같은 순간이 곳곳을 뒤덮으면, 산책자들은 혁명가가 되고, 학생들은 펜 대신 촛불을 쥐고 바깥으로 뛰쳐나온다. 간판과 광고, 쇼윈도의 거리는 바리케이드와 해방구로 변모한다.

도시의 역사는 언제나 이런 분출과 수축의 반복이었다. 1870년 제정 파리는 대공황과 보불전쟁에 의해 파리 코뮌으로 탈바꿈했고, 20세기 파리는 '모든 권력을 상상력에게로!'라는 구호와 함께 68혁명의 바람에 휩싸였다. 20세기 서울은 6월 항쟁으로 군사독재를 종결시켰으며, 21세기 서울은 분노한 촛불의 물결로 뒤덮였다. 토건 자본과 건축 자재들에 의해 꼭꼭 숨겨진 대한민국의 도시들이, 바야흐로 레이먼드 윌리엄스가 '장구한 혁명'이라고 불렀던 문화혁명의 첫 단계에 진입한 것이다.

마르크스는 자본주의 생산 시스템의 기술적 발전을 '탈숙련화 과
정'으로 설명한 바 있다. 자본주의적 생산의 제1목표는 유용한 물
건 생산이 아닌 잉여가치 축적이다. 따라서 기술이 발전할수록 대
량 생산 기계는 필연적으로 인간의 손으로 이루어지는 숙련노동
을 기계적 작동으로 흡수시키고, 자동화와 분업을 정교화한다. 이
에 따라 인간이 손으로 하는 작업은 탈숙련화되고, 점점 인간은
〈모던 타임즈〉에 등장하는 찰리 채플린처럼 단순 작업만 반복하
는 주변화된 존재로 전락해간다. 무시무시하게 높아진 생산성을
바탕으로 산업공장은 무수히 많은 상품을 쏟아내고, 그 상품의 빛
들은 도시를 가득 매우며 판타스마고리아를 구축한다.

　게임 또한 문화산업이라는 태생적 한계 때문에 필연적으로 기
계적 발전이라는 탈숙련화 과정을 맞이할 수밖에 없었다. 그러나
게임에서 탈숙련화 과정은 비단 게임을 제작하는 코드·컴퓨터·
그래픽 노동만을 의미하지 않는다. 게임을 즐기는 이용자들의 '플
레이'까지 탈숙련화된다는 것은 매우 중요한 변화다. 오락실을 찾
은 꼬마 산책자들의 게임 플레이에는 놀라울 만한 요소가 숨어
있었다. 그들은 반복적인 스테이지 클리어와 대전 격투, 시행착오
속에서 끊임없이 게임이라는 기술적 발명품이 가진 편향성을 찾

아냈다. 디자이너가 예측하지 못한 플레이, 대응 불가능한 꼼수 등 반도체의 회로 속에 꼭꼭 숨겨진 비밀을 온전히 손의 감각만으로 밝혀내고, 그것을 또 다른 경이로 만들어낸 것이다.

그러나 오늘날 고도의 기술 발전을 이룩한 최신 게임들에서는 이러한 손의 감각이 개입할 여지가 매우 줄어들었다. 게임 그 자체를 위한 플레이가 아닌 등급, 아이템, 과시를 위한 도구적 플레이 속에서 손의 감각은 너무나 당연하다는 듯이 알고리즘의 작동 속으로 포섭되었다. MMORPG 게임에 만연한 자동 사냥 매크로, 게임을 실행하지 않는 동안에도 끝없이 레벨이 올라가는 자동사냥 전투게임 등은 게임에서 '탈숙련화'가 도달한 종결점이다.

동전을 넣고, 몫이 다할 때까지 탄막을 피하거나 스테이지를 깨나가는 오락기 속 8비트 세계에서 소년 소녀들은 이중적인 경험을 했다. 첨단 디지털 기술이 자아내는 장관과 자기 손에 의해 마음대로 조작되는 프레임 속 캐릭터들. 그리고 어깨를 맞댄 채 경쟁하거나 협력하는 친구 혹은 익명의 대전 상대들. 꼼수를 써서 이기거나 당하는 건너편의 격투가들. 듣기 싫은데도 이상하게 따라 하면 계속 판마다 살아남게 만드는 등 뒤에서 훈수 두는 꼬마들. 어깨너머로 배우는 동네 고수의 콤보 비결. 이 모든 것들은 지

▶ 낯선 사람 혹은 친구들과의 부대낌. 게임을 끝내고 떠나거나 남아 있는 상대방의 모습, 육성, 잡답이 있던 옛 오락실(좌, ⓒ한겨레).
▶ 시끌시끌한 건 마찬가지지만 칸막이를 통해 개인화된 공간인 PC방(우, 출처: http://en.wikipedia. org/wiki/PC_bang). 사이버네틱스와 컴퓨팅 기술은 첨단 그래픽과 사실적인 게임들을 구현해냈지만, 육성과 촉감이 오가는 인간적인 경험의 영역을 풍화시켜버렸다. 수많은 사람들이 연결되어 있지만, 오늘날 게임 속에서 경쟁·협동 상대는 대상화된 타자 혹은 인공물 비슷한 존재가 되어버렸다.

나간 추억처럼 느껴지지만, 놓쳐서는 안 되는 과거의 발자취들이었다. 여전히 '경험'의 영역 속에 있던 오락실의 추억은, 이제 광대한 네트를 따라 추상화된 타자들과의 언설과 인성 전쟁으로 전화하고 있다.

플랫폼과 데이터가 지배하는 인터넷 놀이 공간은 현역·보충역 정보노동자들이 산책하는 사이버 판타스마고리아로 거듭나는 중이다. MMORPG와 AOS의 전장, 자동화된 전투, 그리고 수많은 확률형 아이템 게임의 범람 속에서 우리는 얼마나 자유롭게 자신을 조작할 수 있을까? 얼마나 구체적으로 상대방의 얼굴과 삶을 상상할 수 있을까? 질감이 없는 비트의 공간에서, 어깨의 부딪침도 눈빛 교환도 오락실 문을 나서는 뒷모습도 사라졌고, 인간의 별자리는 이제 데이터의 리좀Rhyzome으로 변해버렸다.

'장소'는 사라지고 무게를 잃은 노드들만이 남았다. 사람들이 오락실의 다양한 추억을 선험적으로 소환할 수 있는 이유는 게임이 아닌 '오락실'이라는 장소성이 가져다주는 환희 때문이었다. 매일같이 수많은 게임들이 만들어지고, 무수히 많은 게임 속 승부가 펼쳐지고 있지만 우리는 그것들을 좀처럼 기억해내지 못한다. 오락실 특유의 비트 소리, 어깨를 맞대고 함께하던 옆 사람의 인기척, 탄식과 함성, 담배 연기 등 '오락실'이라는 공간이 형성하는 아우라는 더 이상 돌아올 수 없다. PC방의 일렬로 늘어선 칸막이는 섬뜩한 느낌을 준다. 집에서 하는 게임은 고독하다.

육체적 경험의 영역은 추상적 알고리즘의 네트워크에 자리를 내줬고, 우리는 경험의 빈곤 속에서 디지털 놀이의 판들을 무수히 반복하는 시대를 살게 된 것이다. 사람들은 이제 게임을 같이 하는 타인과의 대화가 지긋지긋해서 아예 차단해버린다. 그리고 언제부턴가 채팅방의 의미 없는 욕설. 상대 혹은 아군의 게임 플레이를 교란하는 트롤 행위, 음성 채팅에서 발생하는 언쟁과 젠더 갈등 등이 게임을 즐기는 사람들 사이에서 가장 빈번하게 회자되는 이슈가 되어버렸다.

게임 플레이를 '시민권Citizenship' 차원으로 확장할 수는 없을까? 게임 중 성차별을 당하지 않을 권리, 게임유통사와 게임작업장의 현질 유도 과금에 반대할 권리, 핵 프로그램 사용자나 대리 게임 자에 의한 불공정한 경쟁 행위로부터 보호받을 권리, 모멸과 강박, 적대가 아닌 인간적인 게임을 할 권리, 다시 말해 누구에게나 똑같이 주어진 '재미'의 추구를 침해받지 않을 권리를 주장할 수 있다는 것은 역설적으로 민주주의가 추구하는 가장 기본적인 규제적 이념에 도달하는 일일 것이다.

"민주주의를 위한 언어적 기획"으로서 '문학의 정치'를 주장했던 랑시에르의 말처럼, 게임을 "민주주의를 위한 코드적 기획"으로 등재해야 할 시점이 벌써 우리 앞에 다가온 것은 아닌가? 랑시에르에게 민주주의란 "몫 없는 자들이 몫을 획득하는 과정"이다. 여기서 몫이란 재화의 분배가 아니라 "아무나와 아무나의 평등"을 뜻하며, 나아가 빈자와 부자가 똑같이 '시민'이 될 수 있는 공동체를 뜻한다.

몫 없는 자들이 몫을 요구할 수 없게 된다면, '아무나와 아무나의 평등'이라는 약속이 공동체의 공통된 이념으로 작동하지 않는다면 민주주의는 과두제로, 즉 전체주의나 혹은 경찰국가로 전락한다. 반세기의 근대화 동안 유예된 민주주의적 기획과 상품, 부동산으로 모든 빛이 가려졌던 한국의 도시 산책자들, 게임을 접하며 살아왔고 디지털 판타스마고리아의 재구성을 역사적으로 경험한 세대에게 '게이머의 시민권'은 '장구한 혁명'의 가장 첨예한 화두 중 하나가 될 것이다.

**신현우**

중앙대 문예창작학과에서 문학을, 한국예술종합학교 영상원에서 영상문화이론을 공부하고 서울과학기술대 IT정책대학원에서 디지털 문화 박사과정을 수료하였다. 주요 연구 영역은 인지자본주의 비판, 정보공유지, 게임문화, 메이커문화 등 디지털 문화연구이며 서울과학기술대와 성균관대에서 강의를 하고 있다.

# 게임 속에서는 내가 주인공!

카페에서 커피 한 잔 하며 햇볕 쬐는 행복의 순간

내 삶의 주인공은 나라고 하지만

악프리카티비 케이밥스타

연극

영화

나는 관중일 뿐인걸

내 삶은 내가 주인공이 아닌 것들에 가득 둘러싸여 있다.

그렇지만 게임에서의 주인공은 바로 나!

1P 3

가자~!

유치한 그래픽이라고 해도 내가 주인공이라면 늘 스릴 넘쳐!

# 코피는 왜...?

G.A.L.S. P.A.N.I.C. !!!!!!
꼬맹이 때는 변태나 하는 게임인 줄
알고 오락실 게임기 스크린도
못 쳐다봤던 그 게임...

어른이 돼서 보니 수위가 높지는 않네.

꼬맹이

※ 2017년입니다.

어머!!! 오 ㅑ 겜; 아니 갈스패닉에 대한
만화를 그리라구요?! 깔깔ㄹㄹ 깔깔 에이 남사스럽게!!!!
전체이용가 책에
들어가는 건데요!!

그렇지만 한 번 그려보겠습니다.

그리지도 않고서
왜 벌써부터 코피 흘리는 것임?

짜 - 잔!

가장 음란한 것은 언제나 당신의 마음입니다. ^오^b

♥×91

# 화려했던 과거, 그러나…

중딩 시절... 오락실 게임 중 가장 뜨거웠던 더 킹 오브 파이터즈! 그 시리즈를 하나하나 섭렵해갔던 나의 화려한 과거...

후속으로 출시되는 시리즈들까지 플레이하며 나의 킹오파 연대기를 쌓아왔다.

후.. 이어지며 확장되는 게임 안의 세계들은 이 얼마나 아름답고 깊은가..

그 시간에 공부를 했어봐

게...게..게임의..멋,,.짐을.. 모르는.. 자의 말ㅇ..게.. 흔..들리지..말..말.. ㅈ ㅏ..

쩌저적-

서울대 갔겠어

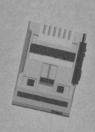

# 2장

# 가정용
# 게임기의
# 충격

# 게임이
# 스토리텔링이 된 순간

전홍식

"교수님, 잠깐 시간 있으신가요? 인터랙티브 스토리텔링에 대해서 알고 싶은데요……."

한 학생이 나에게 질문했다. 게임 스토리텔링 학과의 수업을 맡고 있기에 자주 듣는 질문 중 하나다. 인터랙티브 스토리텔링이란, 사용자가 개입하는 형태의 스토리텔링을 말한다. 단순히 보기만 하는 게 아니라, 뭔가를 하고 그에 반응하여 상황이 달라지는 스토리텔링이다. 그 종류는 다양하지만 게임 스토리텔링이 가장 대표적이다. 인터랙티브 스토리텔링에 대한 궁금증은 게임 스토리텔링을 이해하면 십중팔구 해결된다. 게임이야말로 가장 오랜 역사를 가지고 다채롭게 발전한 인터랙티브 스토리텔링 매체이기 때문이다.

## ◉ 스토리텔링이 만드는 세상

그렇다면 게임 스토리텔링이란 무엇인가? 여기엔 온갖 이야기로 가득하다. 게임의 숫자만큼 게임 스토리텔링에 대한 이야기가 있고, 생각이 있기 때문이다. 하지만 한 가지 확실한 것은 게임 스토리텔링은 여느 스토리텔링과는 다르다는 것이다. 그렇다면 어떤 점이 다른 것일까?

이를 생각하려면 우선 '스토리텔링'이 뭔지를 알아야 한다. 스토리텔링은 '이야기를 통해서 감동을 전하는 것'을 말한다. 연극, 만화, 소설, 영화 등 매체는 다를지라도 이들 작품은 우리에게 제작자가 의도한 감동을 잘 전해준다. 그리고 감동은 우리를 변화시킨다. 마음을 바꾸고 태도를 바꾸고, 심지어 행동에 나서게 한다.

'마음을 바꾸는 것'이라면 연설이나 강연을 떠올리는 이도 있을 것이다. 물론 이들은 남을 설득할 때 사용하는 수단 중 하나며, 대중에게 큰 영향력을 발휘한다. 하지만 가상의 세계에서 상상의 캐릭터가 펼쳐내는 삶의 이야기는 그 어떤 연설보다 강력한 힘을

● 영화 〈투모로우〉의 포스터. 이것이 세상에 미친 영향은 매우 컸다. ©20th Century Fox

발휘하곤 한다.

　일찍이 미국 부통령이었던 앨 고어는 세계 각지를 돌면서 '지구 온난화의 위험'을 알리고, 〈불편한 진실〉이라는 다큐멘터리를 만들었다. 전직 부통령의 메시지가 사람들을 움직이고 세상을 구하는 데 이바지한 것은 말할 필요가 없다. 하지만 2004년에 만들어진 영화 〈투모로우〉는 그보다 큰 역할을 했다고 여겨진다. 사람들은 단 한 장의 포스터가 얼마나 강한 힘을 가졌는지를 깨달았고, 영화관으로 몰려가서 더욱 충격을 받았다. 그리고 '지구 온난화의 위험'을 말했다.

　어느 쪽이 더 큰 영향을 주었는가는 확실하지 않다. 한 가지 분명한 것은 〈불편한 진실〉보다 영화 〈투모로우〉를 기억하는 사람이 많았으며, 더 많이 회고되고, 인용되었다는 사실이다. 고어의 말에 충격을 받아 세상을 바꾸고자 노력한 사람도 많았지만, 갑자기 빙하기가 찾아온 상황에서 눈보라에 갇힌 아들을 찾아 나서는 아버지의 이야기에 동감하며, 겨울을 걱정스럽게 바라본 사람은 더 많았다. 사람들을 감동시켜 세상을 바꿀 수 있는 것, 그것이 바로 '스토리텔링'의 힘이다.

만화, 소설, 연극, 영화 등의 스토리텔링은 우리에게 감동을 주어 행동하게 만드는 힘이 있다. 물론 게임도 그것은 다르지 않다. 그런데 왜 게임 스토리텔링은 다른 것과 차이가 있는 것일까? 그 이유는 게임에 '플레이'라는 능동적인 행위가 있기 때문이다. 영화나 소설은 수동적인 매체다. 이들을 볼 때 우리는 아무 역할도 하지 못한다. 단지 제작자가 제공한 내용을 잘 이해하는 것으로 충분하다. 하지만 게임 스토리텔링은 반드시 플레이라는 요소가 필요하다. 게임 스토리텔링은 제작자들이 만든 상품 그 자체로는 완성되지 않고, 반드시 플레이어가 참여해서 진행해야 한다.

'플레이'는 사람마다 다르다. 게임 속 스토리가 하나뿐이라도 플레이하는 방식에 따라 달라진다. 때로는 사람마다 완전히 다른 스토리텔링을 완성한다. 그만큼 게임 스토리텔링은 꽉 짜여 완성

▶ 〈드래곤 퀘스트 3의〉 한 장면. 영웅의 활약을 구경하기보단 영웅이 되는 게 더 좋지 않을까?
©Square/Enix

된 영화나 소설보다 제작 의도가 충분히 전달되지 않을 수도 있다. '감동'이라는 힘이 더 약해질지도 모른다. 하지만 게임에는 이를 메우고도 남을 또 하나의 힘이 있다. 바로 '성취감'이라는 요소다.

게임은 '규칙을 가진 놀이'다. 어떤 놀이건 규칙이 생기는 순간 규칙을 잘 따르는 사람과 그렇지 못한 사람이 생기며 경쟁이 발생한다. 하지만 어느 쪽이건 규칙을 지키려고 노력하고 나름대로 결과를 얻으면서 사람들은 '뭔가 해냈다'는 기분을 느낀다. 그리고 '성취감'은 더 큰 '감동'을 만들어낸다.

세상을 구하는 영웅을 바라만 보는 것과 내가 세상을 구하는 영웅이 되는 것은 분명히 다르다. 영웅이 노력했지만 실패하는 장면을 보는 것과, 내가 노력해서 성공하는 듯했지만 실패하고 마는 상황을 느끼는 것도 다르다. 양쪽 모두 전자보다는 후자가 더욱 마음에 와닿고 강렬한 인상을 준다. 그로 인해 감동은 더욱 강하고 가깝게 느낄 수 있다.

게임이 더 낫다는 말은 아니다. 영화나 소설의 감동이 더 클 수도 있다. 하지만 그 감동이 크건 작건, 게임에서 오는 감동이 다른 것은 부정할 수 없다. 게임에만 있는 '플레이의 성취감'이 감동에 영향을 주기 때문이다.

## ⚫ 이야기가 주는 설득력

'플레이' 효과는 '성취감을 통한 감동'에만 머무르지 않고, 플레이 자체에도 영향을 준다. 바로 이야기의 구성 요소 때문이다. 스토리텔링은 '이야기를 통해서 감동을 전하는 것'이다. 그리고 이야기에는 '정보'가 있게 마련이다. 이야기를 구성하는 어떤 상황이나 지식은 이야기 속 인물들이 행동하는 동기와 목적이 되고, 그들의 행동과 상황 전개를 그럴듯하게 만드는 원동력이 된다. "아버지인 줄 알았던 사람이 사실은 숙부이고, 친아버지를 살해한 원수라고? 왕자가 고뇌하고 복수를 생각하는 것도 당연하잖아." 정보는 우리에게 생각을 유도하고 이야기의 설득력을 높여준다.

하지만 '플레이'가 있는 게임 스토리텔링에서 정보는 조금 다르게 작용한다. '설득력'을 주는 요인도 되지만, 그보다 더 큰 효과가 있다. 바로 '플레이어가 무엇을 할 수 있고, 왜 해야 하는지'를 알려주는 것이다. 최초의 게임에는 그런 요소가 없었다. 장기나 체스, 그리고 그들의 원형인 차투랑가는 단지 대결을 벌일 뿐이었다. 거기엔 어떤 동기도 없다. 굳이 있다면 '승리'뿐. 그것은 초창기 컴퓨터 게임도 마찬가지였다.

술집에 〈퐁〉이 처음 등장했을 때, 동전을 넣은 사람들은 뭔지 모를 점이 나타나 이리저리 오가는 모습을 구경할 뿐이었다. 그래도 상관없었다. 어차피 시간을 보내기 위한 구경거리에 불과했으니까. 하지만 누군가가 휠을 돌려 막대에 점이 부딪쳤을 때 상황은 바뀌었다. 반대쪽으로 날아간 점이 화면 밖으로 사라지면서 점수가 올라가자, 그것이 뭔지를 깨달은 사람들이 달려들어 술보다 열중한 것이다.

한번 맛을 들인 사람들은 특이한 게임을 볼 때마다 만져봤다. 〈퐁〉에 이어 선보인 〈스페이스 레이스〉는 〈퐁〉과는 반대로, 날아오는 점에 부딪히면 안 되는 게임이었다. 사방으로 움직이면서 점들을 피해 맨 위에 도착하면 점수가 올라간다는 사실을 알아내는 건 쉽지 않았을 것이다. 한 가지 다행스러운 것은 점들이 〈퐁〉처

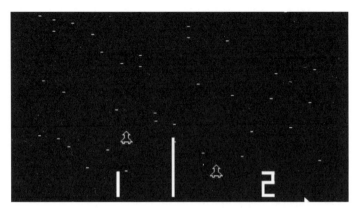

▶ 〈스페이스 레이스〉의 한 장면. 이 화면만 보고 사람들은 게임의 정체를 파악해야 했다. ©ATARI

럼 부딪혀서 튕겨내기엔 너무 많았고, 막대가 아니라 로켓 모양이었다는 것이다. '뭔지 모르지만, 부딪치면 안 될 것 같아.' 사람들은 이렇게 느꼈고, 금방 적응했다.

사람들은 '게임의 모양'으로 그 정체를 추측할 수 있었지만 여전히 기묘한 장치였고, 이리저리 만지고서야 사용법을 알 수 있었다. 두 대의 전차가 지뢰를 피하여 싸우는 〈탱크〉에서부터 화면을 뒤덮은 수많은 적을 격추하는 〈스페이스 인베이더〉에 이르기까지, 사람들은 뭔지 알 수 없는 상황에서 그냥 게임에 달려들었고, 이내 방법을 알아냈다. '어차피 남는 시간', 기왕이면 뭔가를 하면서 보내는 게 게임을 하는 유일한 목적이었다. 누가 더 점수를 많이 낼까 경쟁하는 것이 게임의 궁극적인 플레이 방식이었다.

하지만 1980년, 한 게임이 변화를 가져왔다. 그것은 처음으로 이름이 있는 캐릭터를 등장시킨 게임이었다. 주인공뿐만 아니라 적 캐릭터 4명도 각기 다른 이름과 성격을 가졌다. 더욱 놀라운 것은 처음으로 '누가 즐길 것인가?'를 명확하게 정하고 만든 게임이었고, 이를 위해 전투가 아닌 '먹기와 피하기'를 콘셉트로 잡은 게임이라는 사실이다.

역사상 최초로 여성을 대상으로 만든 게임, 〈팩맨〉의 플레이 방법은 기존의 것들과는 완전히 달랐다. 하지만 게임을 본 사람들은 한눈에 이 게임을 어떻게 해야 하는지 알아챘다. 게임 내용도 쉬운 데다가 시작 전에 어떻게 플레이하는지를 보여주었기 때문이다. 원숭이조차 게임의 정체를 알아내고 플레이할 정도였다.

게임을 가만히 놔두면, 갑자기 노란색 팩맨이 적에게 쫓기는 모습이 나온다. 점을 먹으며 도망치는 팩맨. 하지만 어느새 나타난 커다란 점을 먹은 팩맨은 커다랗게 변하고, 적은 파랗게 질려서 도망친다. 그러면 팩맨이 거꾸로 적을 추적하며 먹어 치운다.

바로 여기서 전자오락에 대한 내 기억은 시작된다. 내가 처음 오락실에 들렀을 때 눈앞에서 바로 그 장면이 펼쳐졌기 때문이다. 전자오락은 고사하고, 동전 넣는 방법조차 몰랐던 내가 정신없이 빠져들었던 그 장면……. 훗날에 이르러서야 나는 알게 되었다.

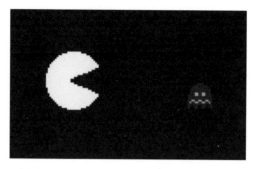
▶ 〈팩맨〉에 등장한 최초의 컷신. 여기서 스토리텔링의 계기는 시작되었다. ⓒNamco

그것이 게임의 역사를 완전히 바꾸어놓은 존재라는 것을. 바로 처음으로 게임에 도입된 인터랙티브가 아닌 스토리 요소, 즉 '컷신 Cut Scene'이었던 것이다.

〈팩맨〉의 컷신은 게임 상황을 소개하고, 게임을 어떻게 하는지 알려주는 중요한 요소였다. 그날의 나처럼 사람들은 그 장면을 정신없이 바라보았고, 자신이 무엇을 할 수 있는지를 깨달았다. 그리고 동전을 넣고 〈팩맨〉에 몰입했다.

〈팩맨〉 이후 게임은 달라졌다. 이제 더는 게임을 어떻게 해야 하는지 추측할 필요가 없었다. 오래지 않아 모든 게임이 게임 진행 방법을 보여주었기 때문이다. 뭔지 모를 물건에 동전을 넣고 시험할 필요가 없어지면서 사람들은 더 쉽게 게임에 뛰어들었고, 오락실은 늘어났다. 하지만 혁명은 여기에서 그치지 않았다.

## ◗ 저 봐, 이렇게 무서운 괴물 본 적 있어?

어느 날 나는 오락실에서 이상한 게임을 발견했다. 그것은 정말로 묘한 게임이었다. 동전을 넣고 버튼을 누르자 캐릭터가 나타났다. 하지만 아무것도 작동하지 않았다. 단지 거대한 나는 괴물이 한 여성을 안고 사다리를 올라가는 모습이 나올 뿐. 그리고 괴물이 사다리 끝으로 올라가 여성을 옆에 놔두고 쿵쿵 뛰는 모습을 그저 보고 있어야만 했다. 근육질의 그 괴물은 강하고 튼튼해 보였다. 한 번 뛸 때마다 길이 무너져 내린다. 끔찍하다. 이제까지 게임에서 보았던 어떤 괴물보다도 무서웠다. 가슴에 두근거리고, 저게 무엇인지 두려우면서도 궁금해졌다.

잠시 후, 한 아저씨가 왼쪽 아래에 나타나고 그제야 게임은 시작된다. 내가 조종하는 게 분명한, 아무리 봐도 용사처럼 생기지 않은 땅딸보 아저씨는 괴물과 비교하기엔 너무 작고 약해 보였다. 심지어 여성보다 작았으니까. 이해할 수 없었다. 대기 중 컷신으로 플레이 방법은 알았지만, 저 괴물과 맞설 엄두가 나지 않았다. 그 순간 위에 있는 여성의 모습이 눈에 들어왔다.

여성은 외쳤다. "HELP!" 그것이 무슨 말인지 당시의 나는 알지 못했지만, 확실히 느낄 수 있었다. 내가 저 사람을 구해야 한다고. 저 위로 올라가 괴물과 맞서야 한다고……. 용기가 솟아오르

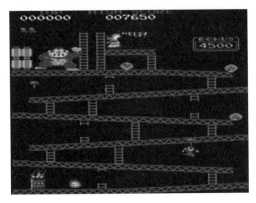

▶ 〈동키콩〉의 한 장면. 망치는 들었지만, 도저히 상대하지 못할 것 같은 무시무시한 괴물. 그럴수록 용기가 필요했다. ⓒNintendo

고 손은 어느새 스틱을 쥐고 움직이기 시작한다. 거대한 괴물이 드럼통 같은 것을 굴리자, 괴물이 무너뜨린 길을 따라 내려온다. 위기일발의 순간이다. 어렵게 드럼통을 피하지만, 이번에는 뒤에서 화염 괴물이 다가온다. 앞에는 괴물, 뒤에는 불길. 절체절명의 순간에 나는 과감하게 앞으로 나아갔다. 저 위에 내 도움을 기다리는 사람이 있었기 때문이다. 가슴을 두드리는 무서운 괴물. 그리고 그 옆에서 살려달라고 외치는 여성.

방법은 중요하지 않았다. 내가 뭘 해야 하는지는 알게 되었으니까. 나는 정신없이 (몇 번이나 죽으면서) 위로 올라갔고, 마지막 칸에 이르러 그 여성 앞에 섰다. 두 사람 사이에 떠오르는 핑크빛 하트. 그것이 사랑을 뜻한다는 것을 깨닫는 건 어렵지 않았다.

하지만 상황은 끝나지 않았다. 무정한 괴물이 단 한순간도 지체하지 않고 여성을 낚아채어 위로 올라간 것이다. 하트는 깨어지고, 무대는 다음으로 옮겨간다. 50m. 괴물이 올라간 높이를 보여준다. 그리고 괴물과 여성의 모습이 다시 나타난다. 이번에는 괴물이 좌우로 움직이며 나를 위협한다.

손은 어느새 움직이고 있고, 나는 계속 위로 올라갔다. 하지만 성공하지 못했다. 동전이 다 떨어졌기 때문이다. 어느새 갖고 있던 모든 돈을 써버리고 오락실을 뒤로할 때, 몹시 분했다. 용돈을 다 써버렸기 때문이 아니라, 내 능력이 부족해서 괴물을 물리치지 못한 것을 한탄했다. 나는 알지 못했다. 그 순간, 내가 바로 게임 스토리텔링의 진정한 탄생을 목격했다는 사실을. 그리고 그로 인해서 게임 세상은 완전히 달라지리라는 것을.

거대한 괴물에 맞서 여성을 구하는 게임, 〈동키콩〉은 게임에 새로운 가능성을 열어주었다. 어려운 역경이 계속 밀려오는 상황을 보여주었지만, 반드시 위로 올라가야 한다는 목표를 전해주었다. 적은 강대하고 위험하지만, 그럴수록 우리가 '용기'를 내어 도전해야 한다는 것을 깨닫게 했다.

대사나 설명은 없었다. 단지 짧은 영상만 있을 뿐이다. 하지만 거기에는 수천 마디 말보다 강렬한 메시지와 우리를 움직이게 하는 강력한 '동기'가 존재했다. 그 순간 게임은 영원히 바뀌었다. 이제 더는 아무 이유 없이 적과 싸우지 않아도 되었다. 정체 모를 괴물에게서 (그들이 단지 나를 죽인다는 이유만으로) 달아날 필요도 없었다. 우리에게는 '목표'가 생겼다. 우리가 무서운 괴물에 맞서 장해물을 피하며 위로 올라가는 것은 단지 괴물이 거기 있어서가 아니었다. 바로 우리의 도움을 기다리는 사람이 있기 때문이었다.

끝까지 올라가 여성을 만나도 괴물은 그녀를 빼앗아 다시 위로 올라간다. 한 번 구조에 성공했지만, 실패하는 장면(컷신)은 우리를 더욱 불타오르게 한다. 25m, 50m, 75m를 지나 드디어 100m. 최후의 대결이 펼쳐질 때 우리는 더욱 분발한다. 적은 끔찍하게 많고 위험하기 이를 데 없지만, 우리의 용기를 꺾을 수는 없었다. 우리에겐 목표가 있고, 몇 번이고 실패한 경험이 있었다. 무엇보다도 바로 눈앞에 괴물을 물리칠 가능성이 존재했다.

마지막 순간, 괴물이 올라선 판이 떨어져 내린다. 공중에 뜬 괴물은 분하다는 듯 가슴을 치지만, 결국 바닥으로 떨어져 기절한다. 두 사람 사이에 떠오른 하트는 이번에야말로 깨지지 않고 커다랗게 하늘을 장식한다. 우리의, 나의 노력이 결실을 이루고, 어느새 정신없이 함성을 지른다.

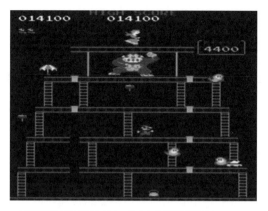

▶ 최후의 대결. 적은 점점 늘어나고 위기 속에 격전이 펼쳐진다. ©Nintendo

〈동키콩〉은 마리오라는 게임 역사상 가장 유명한 캐릭터가 데뷔한 작품이다. 하지만 〈동키콩〉이 유명한 것은 단지 그 때문만은 아니다. 〈동키콩〉은 우리에게 '게임은 시간을 때우기 위한 것'만이 아님을 깨닫게 해주었다. 단순히 적을 물리치거나 피하는 것만이 아니라 무언가를 이룰 수 있는 놀이라는 것을 느끼게 해주었다. 적에게 승리하거나, 점수를 더 많이 내는 것이 아니라 동기를 갖고 목적을 달성함으로써 더욱 큰 성취감을, 더 큰 감동을 얻을 수 있음을 알려주었다. 하지만 〈동키콩〉의 성취는 여기서 멈추지 않았다.

## ● 스토리로 이어지는 게임의 감동

게임의 마지막 순간, 괴물은 사정없이 땅바닥에 떨어진다. 철골 위에 머리를 찧으며 뻗어버린다. 우리가 그 존재에 관심을 가질 필요는 없다. 그것은 단지 사라져버린 방해물에 지나지 않기 때문이다.

하지만 속편에서 우리는 알게 된다. 그 괴물, 동키콩이 아직 살아 있으며 그에게도 가족이 있다는 사실을. 그리하여 그의 아들, '동키콩 주니어'가 되어 아버지를 구하는 모험에 뛰어든다. 그것도 전에는 내 분신이었던, 지금은 '사악한' 마리오에 맞서서.

〈동키콩 주니어〉는 우리에게 게임 스토리텔링이 가진 또 다른 힘을 보여주었다. 전혀 다른 규칙을 가진 게임도 하나의 스토리로 이어질 수 있다는 것과, 이를 통해 캐릭터와 세계관이 더욱 살아난다는 사실을 알려주었다.

우리는 스토리텔링으로 감동을 받는다. 감동이야말로 스토리텔링을 즐기는 시간이 아깝지 않게 만드는 원동력이며 가치를 느끼게 하는 요소다. 잘 만든 영화나 소설은 가만히 보기만 해도 감동이 전해진다. 필요한 것은 단지 시간뿐이다. 하지만 게임은 '플레이'라는 요소가 필요하다. 내가 노력하지 않으면 그 안의 시간은 절대로 흐르지 않는다. 게임은 우리에게 시련을 강요하고, 규

▶ 철창에 갇힌 동키콩과 귀여운 주니어. 여기서 동키콩은 진정한 전설이 되었다. ©Nintendo

칙에 맞추어 무언가를 해내야 한다고 말한다. 적을 더 많이 물리치고 더 오래 살아남고, 더 많은 점수를 올리는 것은 성취감을 주지만, 때로는 단순 반복되는 플레이와 의무감에 재미를 잃어버릴지도 모른다.

〈동키콩〉의 게임 스토리텔링은 이러한 상황을 변화시켰다. 게임에 점수 경쟁만이 아니라 중요한 목표가 있음을 느끼게 했다. 때로는 그것이 세상을 구하는 무언가가 될 수도 있다. 게임 스토리는 우리에게 '동기'를 주고 행동하게 한다. 그리고 그것은 더욱 큰 성취감과 감동으로 이어진다.

〈팩맨〉에서 시작한 컷신은 〈동키콩〉에 이르러 완성되며, 수천

년 게임의 역사를 완전히 바꾸어놓았다. 게임은 단순히 둘이 대결하며 승패를 가리는 것이 아니라, 우리가 몰입하여 빠져들고 성취감을 느끼는 존재가 되었다. 이것은 하나의 혁명이었다. 〈동키콩〉이 가져온 이러한 변화는 게임 스토리텔링을 탄생시켰고, 게임을 새로운 문화 산업으로 바꾸어놓았다. 오늘날 게임은 수십, 수백 시간에 이르는 플레이와 그에 못지않게 방대한 컷신으로 우리를 유혹한다. 그것은 8비트 그래픽에 대사조차 없는 〈동키콩〉과는 너무도 달라서 완전히 별개의 존재처럼 보인다. 하지만 게임 스토리텔링은 다르지 않다.

사람들이 동키콩을 물리치고, 다시 구하면서 게임 스토리텔링이 시작되었듯, 게임은 보는 것에 그치지 않고 직접 느끼고 행동해야만 한다. 컷신으로 동기를 부여하되 플레이를 통해 성취감을 얻고 감동을 높이는 것. 나아가 이를 통해 우리에게 용기를 북돋아주고 때로는 세상을 바꿀 힘을 주는 것. 단순한 경쟁에 그치지 않고, 스스로 이야기를 개척해나가는 것. 그것이 바로 내가 〈동키콩〉을 처음 플레이하면서 느꼈던 게임 스토리텔링의 본질, 바로 인터랙티브 스토리텔링의 기본이다.

## 전홍식

SF&판타지 도서관 관장(2009년 설립. 서울 연희동). 게임 디자이너, SF·판타지
문화 평론가로서 다양한 분야에서 활동하고 있다. 중학생 때부터 잡지의 게임
분석 담당했고, 네오위즈 게임즈 등에서 게임 개발자로 활동했다. 현재는 학교
에서 게임 개발을 가르치고 있다. 저서로 『웹소설 작가를 위한 장르 가이드-판
타지』(2015), 『웹소설 작가를 위한 장르 가이드-SF』(2016), 『웹소설 작가를 위한
장르 가이드-라이트 노벨』(2017), 『한국 게임의 역사』(공저, 2012) 등이 있다.

# 스팀펑크, 아포칼립스,
# 그리고 로맨스

이정엽

기억을 더듬어 오래 전에 플레이했던 〈파이널 판타지 6〉에 대해
무언가 써보려 한다. 이 게임은 내가 현재 게임을 개발하고 가르
치는 일을 하는 데 결정적인 기여를 한 게임 중 하나다. 직업으로
서 게임을 만들거나 그에 대해 가르치는 사람들은 대체로 특정한
게임에 영향을 받아 그 세계에 뛰어든다. 그런데 이러한 게임들
은 제작자에게 지대한 영감을 주기도 하지만, 때로는 자신의 게임
을 가로막는 장벽처럼 느껴지기도 한다. 특히 풍성한 선물 보따리
같은 〈파이널 판타지 6〉를 마주하게 되면, 이 게임의 영향을 받아

무언가를 차용하거나 패러디하는 행위가 오히려 자신이 만든 게임을 더 왜소해 보이게 한다. 나는 아직 직업적으로 게임에 대한 자각이 생겨나기 아주 오래전부터 이 게임을 즐겨왔기 때문에, 이 시대에 만났던 많은 게임들에 사실상 빚을 지고 있는 셈이다.

## ◗ 내 마음을 사로잡은 판타지 세계

내가 처음 이 게임을 만난 것은 1994년 여름 무렵이었다. 〈파이널 판타지 6〉는 그해 4월에 스퀘어 사에서 발매되었다. 11,400엔이라는 고가에 발매되었던 이 게임은 당시 엔화 환율로 계산하면 9만 원 정도에 판매되었어야 했지만, 국내에서는 10만 원대 중반의 가격을 주고서야 살 수 있었던 기억이 난다.

당시 유행하던 〈게임월드〉 같은 잡지에는 연일 이 게임에 대한 호평과 광고가 실렸다. 슈퍼패미콤으로는 가장 마지막에 발매된 시리즈인지라 이 기기의 성능을 극한으로 끌어올린 픽셀 아트 수준의 그래픽에 대한 극찬이 계속 이어졌다. 전작이었던 〈파이널 판타지 5〉를 매우 재밌게 플레이한 터라, 신작을 손에 넣지 않고서는 견딜 수 없는 상황에까지 이르렀다. 가지고 있던 여러 게임을 팔고 아르바이트로 모은 돈을 모두 털어 우여곡절 끝에 이 게임을 손에 넣을 수 있었다. 거의 1,000시간 가까이 이 게임을 플레이했고, 엔딩도 열 번 가까이 봤던 것 같다. 무엇이 나를 이 게임에 몰입하게 만든 것일까?

사실 〈파이널 판타지〉 시리즈는 〈스타크래프트〉나 〈오버워치〉 같은 국민 게임은 아니다. 오히려 일본어 텍스트를 사전을 찾아가며 하나하나 독해해서 스토리를 이해하고 동료들을 모아가야 하는 다소 복잡한 구조의 롤플레잉 게임이다. 보통의 롤플레잉 게임은 특정한 주인공을 중심으로 스토리를 전개해나가지만, 〈파이널 판타지 6〉는 특별한 주인공 없이 총 14명의 동료들이 각자 나름의 스토리를 이어나가는 형태로 진행된다.

전체 스토리는 크게 두 부분으로 나뉜다. 전반부에 해당하는 마대륙 이전에는 스토리 중심으로 이야기가 전개되지만, 마대륙 이후엔 각각의 캐릭터에게 주어진 고유의 이벤트를 수행한다. 동료가 14명이라고 말했지만 한 번에 데리고 다닐 수 있는 동료는 4명뿐이기에 플레이어는 늘 누구를 선택해야 할지 고민한다. 이러한 선택 과정에 따라 플레이어의 애정을 투사할 수 있는 캐릭터가 바뀐다. 또 선택된 캐릭터가 더 빨리 성장해버리기 때문에 나중에는 거의 이 캐릭터들 위주로 게임을 진행한다.

플레이 시간이 긴 〈파이널 판타지 6〉에는 흥미로운 장면이 많이 나오는데, 특히 오프닝과 오페라 장면이 내 마음을 사로잡았

▶ 〈파이널 판타지 6〉의 오프닝 장면 ⓒ스퀘어 에닉스 재팬

다. 오페라 장면에 대해서는 뒤에 상술하기로 하고, 오프닝 장면
이 준 흥분에 대해 잠깐 말할 필요가 있을 것 같다. 이 게임이 나
왔던 90년대 초반까지만 하더라도 롤플레잉 게임은 대부분 유럽
중세를 배경으로 이를 판타지적으로 재해석한 작품이 주를 이루
었다. 그런데 〈파이널 판타지 6〉는 이러한 경향으로부터 탈피하
여 첫 장면부터 SF적인 세계관을 보여준다. 14명의 캐릭터 중 처
음으로 만나게 되는 '티나'가 마도라는 기계에 탄 채 비슷한 마도
를 탄 제국 병사들과 함께 눈보라가 몰아치는 언덕을 뚜벅뚜벅
올라가는 장면은 2D 스타일 도트 그래픽의 한계를 극복한 성취
처럼 보였다.

　이어지는 나르셰 마을 장면에서는 증기 기관으로 움직이는 마
을의 에너지 발전 방식을 보여주기도 한다. 내연 기관 같은 20세

기 기술이 아니라 증기 기관과 같은 과거의 기술이 더 크게 발달한 가상의 과거를 그리는 암울하고 음산한 스팀펑크steampunk적인 배경은 상당히 신선하게 다가왔다.

〈파이널 판타지 6〉의 이러한 스팀펑크적 세계관에는 인류 역사의 연대기적인 시간성이 탈각되고, 증기 기관 시대의 과학이 고도로 발전해 미래의 과학기술과 혼재하는 시대를 그린다. 이러한 배경이 2부에 해당하는 마대륙 이후에는 옛 제국의 재상이었던 케프카의 야심 때문에 게임 속 세계가 모두 멸망하는 아포칼립스apocalypse적인 내용을 그려낸다. 지금까지 설명한 스토리로 미루어보면 이 〈파이널 판타지 6〉라는 게임이 매우 우울한 내용을 담고 있는 것처럼 느껴지지만, 실제로 플레이해보면 유머와 로맨스로 가득 찬 작품이라는 사실을 알게 될 것이다.

### ◗ 우리가 가장 사랑한 오페라 장면

이 작품의 로맨스를 대표하는 장면이 바로 그 유명한 오페라 이벤트다. 이 오페라 장면은 〈파이널 판타지〉 전체 시리즈 중에서도 이 게임의 골수팬들이 가장 사랑하는 장면 중 하나다. 여기에서는 앞서 언급한 티나 대신 '세리스'라는 캐릭터가 주인공 역할을 맡는다. 세리스는 본래 이 게임에서 타도의 대상인 제국의 여장군이었다. 그러나 제국을 배신했다는 오해를 받은 세리스는 지하 감옥에 갇혀 고문을 받게 되고, 이를 구해준 이가 또 다른 캐릭터인 '로크'다. 작품 초반부에 로크는 마도로부터 조종당한 티나를 구해주고 숨겨준 인물이기도 하다. 로크-티나-세리스로 이어지는 세 남녀의 이야기는 사실 작품의 전면에 나타나지는 않지만, 작품 전반에 걸쳐 긴장감을 유지하면서 조심스럽게 전개된다.

로크 일행은 케프카가 머물고 있는 탑으로 가기 위해 세상에 하나밖에 없는 비공정을 타야만 한다. 이 비공정은 셋저라는 도박사가 가지고 있는데, 로크 일행은 오페라 극장의 가수 마리아를 사랑하는 그가 그녀를 납치하러 올 것이라는 첩보를 입수하게 된다. 이 비공정에 타기 위해 로크는 마리아와 외모가 닮은 세리스에게 마리아 대신 오페라에 출연하여 셋저가 세리스를 납치할 때 같이 비공정에 타자고 말한다. 세리스는 못 이기는 척하면서 그 제안을 받아들인다.

플레이어는 이 오페라 장면에서 세리스와 로크를 번갈아가며 플레이하게 된다. 세리스는 오페라의 여주인공 마리아 역할을 맡아 대사를 제대로 암기해야 하고, 로크는 이 오페라를 망치러 온 케프카의 부하인 올토로스란 문어가 세리스의 머리 위로 무거운 추를 떨어트리는 것을 막아야 한다.

▶〈파이널 판타지 6〉의 오페라 장면 ⓒ스퀘어 에닉스 재팬

　이 장면에서 는 영화에서 고안된 '교차 편집cross cut'을 사용하면서 긴장감을 높여나간다. 그러나 내가 감명을 받았던 부분은 이러한 기법적인 것보다는 세리스가 출연한 오페라 〈마리아와 드라코〉가 던지는 메시지다. 이 오페라에서 세리스가 맡은 마리아 공주의 성은 동군의 지배 아래에 놓이게 된다. 그녀는 동군의 왕자 랄스와의 결혼을 강요당하는데, 그녀의 마음속에는 연인 드라코만 존재한다. 하지만 드라코는 서군과 동군 사이에 일어난 전쟁에서 전사하고, 드라코는 영혼이 되어 마리아를 찾아온다.

　플레이어는 마리아가 부르는 아리아 〈Aria di Mezzo Carattere〉

▶ 〈파이널 판타지 6〉 전 작품에 걸쳐 자주 등장하는 문어 올토로스, 개그로 충만한 캐릭터다. ⓒ스퀘어 에닉스 재팬

의 가사를 제대로 암기해야 하고, 영혼이 된 드라코와 춤을 추게 될 때 움직일 자리로 정확하게 이동하면 된다. 이러한 상호작용을 거쳐 마리아가 드라코의 영혼이 사라지면서 남긴 꽃을 성 위에서 던지는 것으로 오페라 장면이 마무리된다.

그런데 돌이켜보면 이 오페라 장면은 세리스와 로크 사이에 희미하게 피어오르고 있는 사랑의 감정을 은유적으로 표현한 것으로 생각할 수 있다. 세리스는 제국의 장군이고, 로크는 이러한 제국에 저항해온 레지스탕스 조직인 리터너의 일원이었던 점을 감안한다면, 마리아와 드라코의 이루어질 수 없는 사랑과 일치하는 부분을 발견할 수 있다.

세리스가 오페라의 여주인공이 되는 것을 부끄러워하면서도 결국에는 그 장면을 열심히 연습한 것을 생각해보면 그녀는 이 오페라가 자신의 심정을 대변하고 있다고 느끼지 않았을까? 왜 나에게는 마리아로 분장한 세리스가 마지막에 성에서 던진 꽃이 로크를 향하고 있는 것처럼 느껴졌을까? 비록 사랑을 제대로 경험하지 못했던 고등학생 신분이었지만, 이때만큼은 세리스가 던진 꽃에 공감할 수 있었다. 나는 이 장면이 게임이라는 매체가 다른 매체를 활용해서 간접적으로 사랑에 대한 고백을 훌륭하게 성사시킨 첫 번째 사례라고 본다.

〈마리아와 드라코〉라는 오페라 내용이 다소 신파적일 수 있겠지만, 별로 그렇게 느껴지지 않았던 것은 실제로 이 오페라, 더 나아가 〈파이널 판타지 6〉라는 게임 전체의 출연 인물 사이에 형성된 사랑의 긴장 관계가 이미 존재했었기에 이 장면을 중층적인 의미에서 풍부하게 읽어낼 수 있었다고 생각한다.

슈퍼패미콤 버전에서는 당시 하드웨어의 한계 때문에 실제 음성을 사용할 수 없었고, 미디 음으로 오페라 아리아를 표현해야 했다. 또 분절된 타일 안에서 캐릭터의 위치만 바꾸어가면서 마리아와 드라코의 춤을 우회적으로 표현할 수밖에 없었지만, 그러한 한계가 오히려 플레이어들을 이 장면에 더욱 몰입하게 만든 공감의 기제로 작용했을 것이다.

〈파이널 판타지 6〉는 후일 플레이스테이션 1과 게임보이 어드

밴스, 그리고 모바일 버전으로 리메이크된다. 플레이스테이션의 이 오페라 장면은 많은 〈파이널 판타지〉 시리즈 마니아들이 어떻게 리메이크될지 궁금해하고 기대했던 장면이기도 하다. 스퀘어 에닉스는 많은 공을 들여 이 장면에 3D 캐릭터가 등장하는 컷신 FMV을 추가한다.

이 컷신들에 대해서는 팬들 사이에서 호불호가 갈리고 있다. 이미 이야기한 바와 같이 하드웨어의 한계가 주는 제약이 오히려 극중 상황을 더 안타깝게 만드는 효과를 체험했기 때문이다. 그것이 오리지널이라 느끼고, 그 감정을 변형되지 않은 채로 고스란히 즐기고 싶은 마음이 오래된 레트로 게임 팬들에겐 존재한다. 나 또한 플레이스테이션 1 버전을 플레이하면서 비슷한 감정을 느꼈고, 모바일 버전을 플레이하면서는 게임성이 상당히 훼손되었다고 느꼈다. 그럼에도 불구하고 시간이 흘러 지금은 제자들과 이 시리즈에 대해 이야기를 나눌 때면 항상 모바일 버전을 기준으로 이야기하게 된다.

이 글을 쓰기 위해 오래된 슈퍼패미콤과 비닐에 곱게 싸둔 〈파이널 판타지 6〉를 다시 꺼내들었다. 소니 14인치 브라운관 TV와 연결하자 오프닝 장면이 시작된다. 내 머릿속은 고등학교 1학년 시절로 다시 돌아간다. 자, 11번째 엔딩을 보러 다시 출발해볼까?

**이정엽**

게임 디자이너이자 게임 학자. 순천향대 한국문화콘텐츠학과 교수로 재직 중
이다. 시리아 난민의 삶을 다룬 〈21 데이즈〉 외 다양한 인디게임을 디자인해왔
다. 인디게임 생태계의 다양성을 위해 부산인디커넥트페스티벌을 조직하고 심
사위원장을 맡고 있다. 저서로 『인디게임』(2015), 『디지털 게임, 상상력의 새로
운 영토』(2005), 공저로 『디지털 스토리텔링』(2003), 『이야기 트랜스포터가 되
다』(2015), 『4차산업혁명이라는 거짓말』(2017) 등이 있다.

# 1990년대,
# 게임기라는 권력

김민섭

1980년대 후반, 내가 6살 무렵이었던 때다. 윗집에 '동주'라는 아이가 살았는데, 재믹스 게임기를 가지고 있었다. 늦은 저녁이 되면 어머니와 함께 종종 그 집을 찾았다. 게임을 하기 위해서였다. 가장 위층에 사는 '상훈'이네도 함께 모였다. 동주의 어머니가 게임기를 꺼내면 동주가 먼저 게임을 시작했고, 그 후에 몇몇 어른들의 차례가 지나기를 기다리다 보면 나에게도 순서가 돌아왔다. 게임기의 형태는 지금도 매우 선명하게 기억난다. 빨갛고 검었고, 우주선 모형과도 같았다. 우리는 오직 〈갤러그〉라는 게임만 했다.

팩이 들어갔는지, 아니면 그 게임만 내장된 게임기였는지는 잘 알 수 없지만, 동주의 집으로 사람들을 불러들이는 데는 그것만으로도 충분했다.

〈갤러그〉는 1981년 9월, 일본의 남코Namco에서 만든 모두가 알 만한 고전 슈팅게임이다. '〈갤러그〉 세대'라는 별칭도 있을 만큼 그 시기에 비디오 게임을 즐겼을 이들에게는 엄청난 향수를 불러일으키는 게임이다. 파리처럼 생긴 파란색과 빨간색 외계인들에게 미사일을 쏠 때마다 '뽕, 뽕' 하는 효과음이 났다. 〈갤러그〉에는 적을 격추하는 것 외에도, 독특한 재미가 숨어 있었다. 그물을 펼치는 적에게 일부러 비행기를 헌납하고 나면 그다음 스테이지에서 그 비행기를 구출해 두 대를 연합해 플레이할 수도 있었다. '합체'의 위력이 얼마나 큰지는 〈갤러그〉가 잘 알려주었다.

아버지의 직장 때문에 이사를 가면서 나는 동주와 멀어졌다. 그것은 곧 〈갤러그〉와 멀어지는 것을 뜻했다. 그 이후로는 〈갤러그〉 게임을 해본 기억이 없다. 나는 그런대로 그 현실을 받아들였다. 게임기를 사달라고 떼를 쓸 수도 있었겠지만, 그런 멋진 게임기를 가지고 있는 사람은 몹시 드물 것이라고 생각했다. 게다가 내 아버지의 월급이 40만 원 내외이던 때니, 함부로 사달라고 할 수 있는 물건이 아니었다.

## ◉ 1990년대 초반, '패미콤'의 시대

몇 년이 지나고, 비디오 게임기는 조금 더 대중적인 것이 되었다. 재믹스의 시대는 저물었고, '패미콤'을 가지고 있는 친구들이 꽤 있었다. 각자 자신의 팩을 가지고 모여 앉아 놀기도 했다. 나도 집에서 미니게임이 100개씩 들어 있는 파팩[1]을 하나 꽂아 두고는 계속 놀았다. 90년대 초반, 나의 생일날 아버지는 '현대 슈퍼컴보이'라는 것을 사왔다. 무척 큰마음을 먹고 한 선물인 것을 그 어린 나이에도 알 수 있었다. 그때 〈슈퍼마리오 요시 아일랜드〉를 처음으로 만났다. 그리고 순차적으로, 〈드래곤볼〉 같은 격투 게임이나 〈동키콩〉 같은 어드벤처 게임과도 만났다.

그런데 아버지가 사온 그 게임기는 나에게 하나의 '권력'이 되었다. 돌이켜 보면 그 권력은 아무런 권위도 없으면서 무척 비겁하고 졸렬한 것이었다. 우선, TV가 있는 안방은 토요일 점심부터 언제나 나와 친구들이 차지했다. 나를 포함해 네다섯 명이 모여서 격투 게임이나 축구 게임 같은 것을 하면서 놀았다. 〈슈퍼마리오〉는 여럿이 즐기기에는 적합하지 않아서 주로 〈드래곤볼〉을 했다.

친구들에게는 아무래도 오락실에 가는 것보다 훨씬 좋았을 것이다. 이유를 들자면 수도 없이 많지만 우선 ① 돈이 들지 않으니

---

1 여러 개의 게임이 들어 있는 게임팩을 '파팩', 한 개의 게임이 들어 있는 게임팩을 '단팩'이라고 불렀다.

좋고, ② 자신의 집에는 친구 집에 놀러 간다고 말하면 그만이었고, ③ 오락실에 가면 형들에게 돈을 뺏기는 일이 많았는데 그럴 걱정이 없었고, ④ 어머니가 종종 맛있는 간식을 내오기도 했으니까 우리 집은 천국과도 같은 아지트였던 셈이다.

그런데 거기에 초대받을 수 있는 친구들은 한정되어 있었다. 처음에는 나와 친한 친구들이 초대를 받았지만, 좋은 게임기가 있다고 소문이 나자 별로 친하지 않아도 나에게 먹을 것을 사주며 접근하는 아이들이 생겼다. 나에게 잘 보이려고 한 녀석들은 게임을 하러 와서도 무언가 주눅이 들었다. 적어도 나에게 1P 조이스틱을 주고 자신들은 돌아가면서 게임을 했다. 그러나 어떤 녀석들은 "너희 집에 게임기 있다며?" 하고 나에게 물었고, 나의 동의와는 상관없이 집으로 몰려왔다. 그들은 학교에서 가장 싸움을 잘한다고 소문이 나 있었다. 그들이 집에 와 있을 때는 내 손에 조이스틱이 들려 있는 경우가 별로 없었다. 그들은 "넌 우리가 가면 얼마든지 할 수 있잖아"라면서 계속 게임을 했다. 선심 쓰듯 하는 것은 오히려 그쪽이었다.

그들이 집으로 돌아가고 나면 어머니는 "우리 집이 무슨 주말마다 여는 오락실이야?" 하고 못마땅한 표정으로 나에게 물었다. 어머니는 간식을 가져올 때를 제외하고는 안방에 잘 들어오지 않았다. 그렇기 때문에 내가 충분히 잘 놀았을 것이라고 짐작한 것이다. 나는 분명 오락실의 주인이기는 했지만, 문을 열고 닫거나 손님을 가려 받을 만한 권한이 없었다. 모두가 돌아간 후에야 게임기는 비로소 내 차지가 됐지만, 어머니는 그만큼 놀았으니 이제 공부하라고 말했다. 나는 몇 판만 더하겠다고 징징대다가 혼이 나기도 했는데, 무척이나 억울했다. 마음이 맞는 친구들과 한참 논 것도 아니고, 그렇다고 질릴 만큼 게임을 한 것도 아니었다. 어머니에게 그들이 누구인지를 설명하기는 구차한 일이어서 혼자 씩씩대며 게임기를 정리해야 했다.

가끔은 혼자 너무나 게임이 하고 싶을 때면 그들에게 "오늘은 엄마가 너희들 오지 말래"라고 말했다. 10살 남짓한 인간이 댈 수 있는 가장 강력하고 순수한 핑계였다. 그러면 그들은 아쉬워했다. 한번은 어머니가 그들 앞에서 "지난주에는 안 왔네?" 하고 묻는 바람에 그들이 나를 추궁한 일도 있다. 어머니는 우리를 좋아하는데 네가 우리를 싫어하는 게 아니냐고 해서, 그렇지 않다며 꽤 구차하게 변명해야 했다.

내가 이 기억을 '권력'으로 규정하는 까닭은 그래도 게임기 덕분에 적어도 맞고 다니지는 않았기 때문이다. 게임을 하러 오는 그들은 교실에서 나를 지켜주었다. 나에게 곤란한 일이 생기는 것 같으면 상대방에게 "야, 민섭이 건드리지 마라" 하고 말해주었다. 사실 그들이 나에게 "야, 게임 진짜 재밌었어. 너희 집에 또 간다"라고 말하는 것만으로도, 나는 보이지 않는 보호를 받는 셈이었다. '쟤들하고 친하구나', 아니면 '쟤들하고 어떻게든 엮여 있구나' 하는 암묵적인 분위기가 형성되었다. 마치 패트리어트 미사일이나 2017년에 말이 많은 '사드 포대'처럼, 그들과 나는 게임이라는 키워드로 어떻게든 연결되어 있었다. 어디선가 날아오는 미사일을 그들이 적당히 막아준 덕분에, 나는 평탄한 학창 시절을 보냈다. 그러고 보면 게임기는 다른 면에서 그 값어치를 충분히 해낸 셈이다.

그들이 놀러 오지 않는 주말에는 나 혼자 몇 시간이고 게임을 할 수 있어서 좋았다. 아쉬울 것 없이 게임기를 정리하고 나면, 평안한 마음으로 공부할 수 있었다. 가끔은 그동안 부를 수 없었던 내 진짜 친구들을 몰래 부르기도 했다. 그러나 그러한 일이 몇 주 반복되다 보면 오히려 내가 먼저 그들에게 찾아가서 "이번 주에 게임 하러 올래?" 하고 물었다. 그들과의 연결고리는 너무 단단하지 않게, 그러나 너무 약하지도 않게 계속 유지되어야만 했다. 어린 나는 게임기라는 것이 나에게 가져다준 권력이 어떤 것이었는지 아주 잘 알고 있었다.

## ◉ 1990년대 중반, 게임기 권력의 종말

1990년대 중반이 넘어가면서부터는 내가 가진 권력도 무척 허망한 것이 되었다. 웬만한 친구들의 집에 비디오 게임기가 놓였고, 무엇보다도 '컴퓨터'가 보급되기 시작했다. 게임 잡지를 사면 거기에 데모 게임이 들어 있거나, 아니면 프로모션을 받은 괜찮은 게임이 들어 있기도 했다. 격투, 스포츠, 아케이드 게임보다는 혼자 즐길 수 있는 롤플레잉RPG이나 전략 시뮬레이션 게임이 유행하기 시작했다. 이때 〈어스토니시아 스토리〉와 〈포가튼 사가〉를 비롯해서 〈C&C 레드얼럿〉이나 〈워크래프트〉 같은 게임들이 많은 인기를 끌었다. 각자의 집에서 게임을 할 수 있게 되면서 모뎀을 통해 친구들과 짧은 시간 동안 대전 게임을 하는 등 게임을 향유하는 문화가 근본적으로 바뀌었다.

아버지는 중학생이 된 나에게 '매직 스테이션' 컴퓨터를 사주었지만, 그만한 컴퓨터를 가진 친구들은 나 말고도 많았다. 그래서 토요일마다 우리 집을 찾던 그들에게는 선택지가 많아졌고, 서로 다른 중학교에 진학하면서 아예 얼굴을 볼 일이 없어졌다.

지금도 종종, 내 게임기와 주말을 헌납하고 맞이했던 그 작은 권력이 떠오른다. 우리는 '자본'을 가진 쪽이 대개 권력을 소유했을 것이라고 믿는다. 게임기를 가진 아이에게는 '누구를 초대할지 결정할 권력'과 함께 '누구에게 다음 게임을 허락할지 결정할 권력' 같은 것이 있으리라고 여기는 것이다. 청춘 드라마를 보아도 TV를 가진 아이, 게임기를 가진 아이 등 무언가를 가진 아이들은 권력의 상층부에서 그 맛에 취한 듯이 그려지는 것이 일반적이다. 그러나 나는 그러한 권력을 누려본 기억이 별로 없다. 돌이켜 보면 권력을 가진 쪽은 게임기의 소유자인 내가 아니라 안방을 점령하고 앉은 그들이었고, 또 그들보다는 그 작은 게임기야말로 권력의 총체였다.

지금의 초등학생들에게는 무엇이 집과 교실에서의 권력관계를 추동해내는지, 문득 궁금해진다. 어쩌면 게임이 아닌 다른 것이 그 자리를 차지했는지도 모르겠다. 그러나 게임은 그 매개를 달리해가면서 계속해서 남을 것이다. 가정용 게임기와 PC를 거쳐 모바일 게임이 대중적으로 자리 잡은 지금, 10살짜리 아이는 어떠한 고민을 하며 집으로 돌아갈까, 몹시 궁금해지는 오늘이다.

**김민섭**
인문학협동조합 미디어기획위원회 부위원장. 1983년, 서울 홍대입구에서 태어났다. 현대소설을 연구하다가 2015년에 『나는 지방대 시간강사다』(2015)를 쓰고 대학에서 나왔다. 지금은 이런저런 노동과 공부를 하며 글을 쓰고 지낸다. 다른 책으로 『대리사회』(2016)와 『아무튼, 망원동』(2017)이 있다.

# 플레이스테이션과 플스방

이경혁

### ◉ 플레이스테이션 2, 〈위닝 일레븐〉, 그리고 플스방

소니의 가정용 게임 콘솔 기기인 플레이스테이션은 최근까지도 콘솔 게임의 대세를 이끄는 이름이다. 90년대 닌텐도와의 불화 끝에 소니의 단독 게임 플랫폼으로 탄생한 이래 여러 콘솔 기기 중에서도 독보적인 위치를 지켜왔지만, 한국에서 플레이스테이션이 대중적 게임으로서 어떤 위치를 가지고 있었느냐는 질문에 대한 답이 생각처럼 쉬운 것은 아니다.

한국에서 본격적으로 플레이스테이션 시리즈가 대중적인 게임으로 자리하기 시작한 시점은 2000년대 초중반이었다. 그런데 이 시기의 한국 게임 문화는 사실상 〈스타크래프트〉를 중심으로 한 PC방 플레이가 대흥행을 일궈내고 있던 터였다. 분명 콘솔 게임기 중에서는 가장 대중적인 플랫폼이었을 테지만, PC방 중심의 온라인 대전 문화가 일찌감치 꽃피우고 있었던 한국 상황에서는 아무래도 이 시기의 '가장 대중적인 게임 플랫폼'이라는 타이틀은 PC방 환경에 내줄 수밖에 없던 처지였다.

하지만 가장 대중적인 플랫폼이 아니라고 해서 플레이스테이션의 위상이 크게 떨어진다고는 볼 수 없다. 이 시기의 플레이스테이션은 분명 게임 문화의 한 축을 차지하고 있었다. 해외에서처럼 가정용 콘솔의 제왕이 되지는 못했지만, '플스방'이라는 이름의 독특한 형태로 플레이스테이션은 2000년대 초반의 한국 게임 문화에서 빠뜨릴 수 없는 현상이기도 했다. 가정용 콘솔 시스템이 가정에서가 아니라 한국의 독특한 '방' 문화로 자리할 수 있었던 배경은 다시 한번 짚어볼 만한 지점이다.

◉ '방'이되 '방'이 아닌, '플스방' 등장의 배경

가정용 게임기로 출시된 플레이스테이션이었지만 실제 한국에서 이 기기가 사용된 위치는 가정의 거실이나 방이 아닌, '플스방'이었다. 80년대 경제부흥기의 가정용 게임기들이 차라리 중산층 이상의 경제적 부를 상징하기라도 했다면, '플스방' 시대의 메인 기기였던 플레이스테이션 2는 그나마의 위치도 차지하기 힘들었다. 2000년대 초반을 기준으로 대략 30만 원 선이었던 플레이스테이션 2는 이미 IMF로 인해 성장세의 사형선고가 떨어진 시장 환경에서는 집에 쉽게 들여놓기 어려운 기기였다. 단순히 가격의 문제가 아니라, 사회가 유희에 비용을 허락하느냐 마느냐의 문제였다.

고속 성장의 한 켠을 차지하고 있던 과도한 교육 열풍은 한국 사회의 다른 문제들과 떼려야 뗄 수 없는 관계를 맺는다. 이른바 '강남 8학군'이라는 단어의 등장은 강남 개발과 그로 인한 부동산 폭등에 얽혀 있으며, 지금까지도 서울의 주요 지구 땅값은 학군이라는 요소와 함께 움직이고 있다. 그처럼 한국 사회의 중심에 자리한 교육의 문제는 플레이스테이션 2가 집안의 거실에 자리 잡기 어려웠던 이유 중 가장 먼저 손꼽히는 부분이다.

앞 세대 게임기들이 어린이들의 장난감 취급을 받았던 것에 비하면, 플레이스테이션 2에 이르면서 게임기는 보다 나은 퀄리티로 가급적 유년기의 유희를 넘어선 무언가를 보이려는 시도를 보였다. 〈슈퍼마리오〉의 패미콤 시절과 〈진 삼국무쌍〉의 플레이스테이션 시절은 게임기의 중심 타겟이 어떻게 이동했는지를 보여주는 좋은 사례였다. 그러나 경제부흥기에 어린이 장난감으로 접근할 수 있었던 가정용 게임기는 경제상황의 변화와 타겟층의 청소년화라는 두 가지 문제 앞에서 난관을 맞는다. 어느 부모도 중고등학교라는, 학벌중심의 한국 사회에서 '감히' 대놓고 놀기 위한 전자기기를 비싼 값에 사기 쉽지 않았기 때문이었다.

반면 PC의 경우는 상황이 달랐다. 대학 수능 서열표의 상위권에 전자공학과, 컴퓨터공학과가 높게 잡히던 시절이었고, 국가와 사회는 지속적으로 컴퓨터가 우리의 미래임을 이야기했다. IMF 이후 정권을 잡은 김대중 정부에서는 국비 IT 과정을 통해 전산기술 보유자의 양산을 통해 새로운 산업군을 일구겠다는 의지를 드러냈다. 청소년의 방에 PC는 들어갈 수 있어도 플레이스테이션 2의 자리는 없을 수밖에 없었던 시절, 게임기는 PC방이라는 플랫폼의 영향권 아래에서 '플스방'이라는 이름으로 외유를 시작한다.

'플스방'의 성업에는 집에 놓기 어려웠던 가정용 게임기라는 플랫폼적 현실 외에도 콘텐츠적 측면 또한 존재했다. 바로 〈위닝 일레븐〉이 그것이었다. PC 플랫폼의 축구 게임을 대표하던 〈FIFA〉 시리즈는 플레이스테이션 2의 〈위닝 일레븐〉 앞에서 매번 무릎을 꿇어야 했다. 더욱 다이내믹하고 정교한 축구 경기를 매번 담아내면서 축구 게임의 왕좌로 자리한 〈위닝 일레븐〉은 게이머들 사이에서 "누가 축구를 피파로 하냐? 위닝 해야지."라는 평을 들으며 서서히 축구 게임의 '온리 원Only One'으로 자리하기 시작했다.

이는 '플스방'의 또 다른 이름이었던 '위닝방'이라는 이름을 통해 단적으로 드러난다. 어떤 이들에게 '플스방'은 그저 〈위닝 일레븐〉을 플레이하는 공간이었다. 이미 PC방을 통해 단체로 모여서 게임하는 방식의 재미를 익힌 대중들은 '위닝방'으로 이동해좀 더 푹신하고 편안한 소파와 CRT모니터(당시만 해도 LCD모니터의 보급률이 낮은 상황이었다)보다 훨씬 크고 넓은 TV 화면으로 박진감 있는 축구를 즐길 수 있었다.

여기에 2000년대 초반을 휩쓴 월드컵 열풍마저 가세하며 〈위닝 일레븐〉과 플레이스테이션 2는 감히 누구도 부인하지 못했던 PC방과 〈스타크래프트〉의 돌풍 속에서 꺾이지 않는 하나의 영역을 차지할 수 있었다. 일부 마니아층을 제외하면 만져보기조차 어려웠을 플레이스테이션 2는 그렇게 '플스방', 혹은 '위닝방'이라는 이름과 함께 2000년대 한국 게이밍 문화에 한 획을 긋는 기기가 되었다.

덕분에 지금도 2000년대의 게임 문화를 추억하는 많은 이들에게 플레이스테이션 2와 〈위닝 일레븐〉을 플레이한 경험은 많지만 이 기기를 소유했던 경험은 상대적으로 적다. 본래 가정 소유를 중심으로 제작된 기기는 경제적, 문화적 상황에 치이며 가정 보급에서는 기대할 만한 보급을 이뤄내지 못했지만 '플스방'이라는 문화와 월드컵 열풍이라는 시대적 환경이 맞물려 이뤄낸 틈새에 정착할 수 있었다. 가정용 게임기였지만 어느 순간 공공장소용 기기가 제작되고 스티커가 붙었던 당시의 상황은 한국의 현대 문화사에서 놓쳐서는 안 될 지점이다.

## ◉ 놀이문화의 '방', 외부화된 놀이로서

'플스방'은 '플레이스테이션'과 '방'의 합성어다. 사무공간의 작은 구획을 가리키는 '실'과 달리, '방'은 대체로 가정과 같은 휴식 공간의 구획을 주로 지칭하는 단어였다. 그런데 어느 순간부터 '방'은 가정의 범주를 벗어나는 영역에서도 쉽게 접하는 단어가 되었다. 아마도 그 기원으로는 '노래방'을 꼽을 수 있을 것이다.

일본의 가라오케 시스템을 통해 유입된 노래방 기기는 처음에는 부산, 서울 등지의 유흥업소에서 흥을 돋우는 용도로 사용되다가, 술 없이도 노래할 수 있는 '방'의 형태를 갖추면서 노래방이라는 장소로 한국 사회에 등장했다. '노래실'이 아닌 '노래방'이라는 용어가 사용되었다는 점은 돌이켜볼 만하지만 여기서 깊게 다룰

이야기는 아닐 것이다. 어쨌든 이를 통해 상업적으로 공용되는 공간으로서의 의미를 얻은 '방'은 이후 온갖 서비스의 중심이 되었다. 빨래방, 편의방(편의점에서 주류와 안주를 구매해 바로 옆의 실내 테이블에서 먹고 마실 수 있는 간이주점의 형태로 운영되다 사라졌다)과 같은 방의 형태는 1998년 〈스타크래프트〉의 대유행과 함께 대 PC방 시대를 불러일으켰다.

한국에서 '방' 문화의 대명사로 꼽을 만한 양대 산맥인 노래방과 PC방은 둘 다 유희적 속성을 가지고 있으면서 동시에 '방'의 원래 위치인 가정으로부터는 쫓겨난 성격을 갖는다. 사람들이 모여서 함께 논다는 측면에서 동일한 이 두 '방'이 상업적 측면에서 흥행하는 순간이 대략 90년대 말에서 2000년대에 걸쳐져 있다는 지점은 가정에서의 유희가 변화는 또 하나의 측면과 같이 움직이는데, 집으로 누군가를 초대해 노는 문화의 퇴조다.

80년대 드라마 등에서 자주 볼 수 있었던 장면 중 하나는 회사원인 주인공이 술에 취해 직장 동료들을 데리고 집으로 늦은 시간에 몰려들어오는 장면이었다. 심야영업이 제한되던 시절, 미처 술자리를 멈추지 못한 직장인들은 툭하면 동료의 집에 몰려가곤 했다. 그러나 이러한 모습은 2010년대에 이른 지금에는 옛날만큼 일상적인 모습이 아니다. 이제는 집들이를 해도 집에서는 간단히 차와 다과 정도만 나누고, 식사 등의 번잡한 일들은 근처 식당에서 해결하는 형태로 변한 것이 집에서의 놀이 문화다.

하필 '방'이라는 이름을 달고 집이 아닌 공용의 공간으로 나가 상업화된 노래방과 PC방의 흥행은 이러한 문화의 변화와 맞물려 있다. 그리고 외부의 '방'에서 모여 노는 것이 자연스러워진 만큼, 가정용 콘솔이었던 플레이스테이션이 외부의 '방'으로 진출하는 것 또한 그리 어색한 일이 아니게 되었다. 2000년대 초반 "위닝을 할 수 있는 방도 나왔어?"라며 놀라던 사람들은 이제 자연스럽게 "위닝 한 판 할까? 근처에 플스방 있나?"로 변화했다. 집에 모여 노는 것보다 더 편하게 느껴지는 외부화된 '방'의 존재는 비단 플스방에 국한된 이야기가 아니겠지만, 하필 가정용, 그것도 서구에서는 주로 가정의 거실에 위치하는 것이 일반적이었던 게임기가 '방'으로 외부화된 것은 단순히 산업적인 측면을 넘어 우리의 놀이 문화가 움직여가는 과정을 볼 수 있게 해주는 사례다.

게임을 좋아하는 마니아들은 게임기를 소유할 수 있는 환경에서 자란 경우가 일반적이었다. 그렇지 않은 경우는 80년대에는 대체로 오락실, 90년대 이후에는 PC방이라는 환경에서 각자 해당 플랫폼을 중심으로 한 게임 경험을 쌓으며 자라왔다. 그런 게임 경험의 환경에서 '플스방'은 매우 독특하고, 이질적이며, 게임기기의 소유와 별개의 문제로 대중적인 게임 경험을 만들어낸 독특한 사례가 아닐 수 없다. 패미콤이 없어도 옆집 친구에게 잘 보여서 〈슈퍼마리오〉 한 판을 해보던 시절과, 플레이스테이션이 없어도 '플스방'에서 밤새 〈위닝 일레븐〉을 플레이할 수 있었던 두 시대를 이야기하기 위해서는 '플스방'이라는 독특한 게임 환경을 간과해서는 안 될 것이다.

**이경혁**

게임 칼럼니스트. 〈미디어스〉, 〈매일경제〉, 〈국방일보〉 등의 매체에 게임의 매체성과 사회성에 접근하는 글들을 기고하고 있다. 저서로 『게임, 세상을 보는 또 하나의 창』(2016)이 있으며 현재 연세대 커뮤니케이션대학원에서 게임 문화를 연구하고 있다.

# 걱정 마, 잘하고 있어!

## 성취의 즐거움

게임은 현실이 아니다.

하지만 그 누구도 방해할 수 없는 완전한 몰입의 순간...

오늘도 나는 나의 기록을 깨며 새로운 성취를 맛본다.

트윈비, 올클리어! 첫 판부터 다시해야지..

으 하 하 하 ㅎ ㅏ ㅏ !!!!!!!

게임기 독재자..

....

....

나도 하고 싶다.

여동생   남동생

# 이 감성이 아닌데…

<u>3장</u>

# 게임이야말로
# 인생 학교

# 게임 캐릭터의 스펙,
# 현실의 스펙

이경혁

## ◉ 30년 역사의 삼국지 시리즈

동아시아에서 그 존재를 빼놓고 상상하기 어려울 후한 말엽의 영웅담인 소설 『삼국지』는 많은 게임들이 즐겨 다루는 소재다. 그중에서도 독보적인 게임으로 역시 고에이(KOEI) 사가 이어오고 있는 〈고에이 삼국지〉 시리즈를 꼽지 않을 수 없다.

총 13편의 정식 넘버링 시리즈를 30년 넘게 이어오고 있는 〈고에이 삼국지〉 시리즈는 한국에서도 많은 게이머들에게 오랫동안 사랑받으며 게임을 잘 모르는 이들에게도 '삼국지 게임' 하

▶ 가장 명작으로 꼽히는 〈삼국지 3〉의 게임 화면. 한글화와 도시 기반의 전략 지도, 문/무관의 구분, 통솔 수치 등의 변화로 상당한 인기를 끌었다. ©KOEI

면 가장 먼저 떠올릴 수 있는 자리에 올랐다.

국내에서는 1988년에 IBM-PC로 이식된 영문판을 통해 널리 알려진 〈삼국지〉 1편은 『삼국지』를 게임으로 다뤘다는 것만으로도 상당한 인기를 끌었다. 국가를 운영해 실제 역사 속 천하통일을 이룬다는 점 때문에 장수들이 액션을 펼치는 게임들과는 다른 면에서 높은 인기를 구가했다.

한국에서 가장 인기 있었던 시리즈는 역시 3편이다. 영문판이라 'Cao Cao(조조)', 'Lu Bu(여포)' 등이 누군지 몰랐던 1편에 비해 한글화와 세밀한 데이터, 공성전 등으로 무장한 3편은 심지어 아케이드 오락실에도 비치될 정도로 인기를 끌며 전성기를 누렸다.

〈삼국지〉 시리즈는 인기만큼이나 많은 비판에 직면했다. 시리즈 내내 약점으로 거론된 AI의 낮은 성능, 동시대 게임보다 부족한 그래픽, 어설픈 번역 등이 자주 논란거리가 되었다. 그중에서도 〈삼국지〉 시리즈를 둘러싸고 벌어지는 논쟁 중 가장 큰 부분은 역시 게임 속 등장인물들의 능력치에 대한 이야기였다.

### ◉ 수치화된 캐릭터들이 벌이는 새로운 역사물

소설에서 확립된 캐릭터들이 게임 안에서 어떤 능력치로 등장하느냐는 시리즈가 발매될 때마다 마니아들 사이에 논쟁을 불러오곤 했다. "누가 최강캐냐" "무력 최강은 누구냐" 등이 시리즈마다 논란거리가 되었다.

어느 정도 고정된 수치들은 있었다. 여포의 무력은 대체로 무력 100으로 1위를 벗어나지 않으며, 같은 맥락으로 제갈량의 지력 또한 대부분의 시리즈에서 100으로 1위를 차지하는 것이 일반적이었다. 하지만 거의 고정적인 이들 외의 능력치는 시리즈마다 조금씩 조정되어 왔고, 이 때문에 각 무장에 대한 평가를 두고 많은 게이머들이 격론을 벌이곤 했다.

등장인물의 능력치는 캐릭터의 존재감을 만드는 중요한 데이터다. 뛰어난 능력치를 가진 장수들을 얻을수록 천하통일이 쉽기 때문이다. 무력 90을 넘는 무장들을 보유하고 있다면 어지간한

▶ 〈삼국지 3〉의 여포 스펙. 무력 100에 비해 처참한 나머지 수치는 여포라는 캐릭터가 어떤 인물인지를 보여주는 데이터가 된다. ©KOEI

전투에서는 물량에서 밀려도 승리할 수 있을 정도로 게임의 밸런스는 13편을 제외하면 장수들의 역량에 의해 좌지우지되는 편이었다. 원작 소설 자체가 장수들의 군담이었던만큼 게임 또한 캐릭터를 중심으로 천하통일의 이야기가 펼쳐졌다.

데이터로 인물을 그려내는 게임의 방식은 여러 모로 독특하다. 소설에서는 대사와 행동을 통해 드러나는 캐릭터의 성격이 게임에서는 데이터라는 수치를 통해 나타나는데, 이는 게임 이전의 매체에서는 보기 드물었던 방식이기 때문이다.

소설 속 여포는 최강의 무인이면서 동시에 의리 없는 배신자로 나타난다. 이를 게임은 데이터로 표현해낸다. 무력은 언제나 100이고, 숨겨진 무력 속성을 더해 전투에서 언제나 최강자로 군림한다. 대신 정치, 지력, 의리 등이 낮아 전투 중에도 수시로 배신을 하며, 데리고 있더라도 언제 반역할지 모르는 캐릭터로 나타나는 것이 게임 속 여포의 이미지였다.

　유비는 높은 매력과 의리, 조조는 능력치 총합이 가장 높은 캐릭터로 등장하고, 관우와 조운 등은 높은 무력치와 함께 전반적인 고스펙 캐릭터로 소설 속의 모습들을 게임에 그려냈다. 플레이어는 캐릭터의 수치만 봐도 어떤 성격일지를 상상할 수 있게 되는 구조가 〈삼국지〉 시리즈의 캐릭터였다.


## ◉ 수치화된 캐릭터의 이면

데이터는 이제 단순히 산술과 과학의 기초자료라는 의미를 넘어 디지털 시대의 새로운 표현도구가 되었다. 위에서 언급한 것처럼, 우리는 데이터가 산식에 들어가 결과를 내지 않아도 데이터가 가리키는 것이 무엇인지 상상할 수 있게 되었다. 무력 100 - 지력 20인 장수의 데이터를 보면 여포임을 짐작할 수 있고, 지력, 통솔, 수상지휘가 탑클래스인 캐릭터를 보고는 주유를 떠올릴 수 있는 것이 데이터 표현의 시대다. 영화가 움직이는 시각 이미지로 심상을 전달할 수 있었다면, 게임은 데이터라는 새로운 도구를 통해 심상을 전달하는 새 방식을 열었다.

　존재를 숫자로 풀어내는 수치화 작업은 갈릴레이 - 케플러 - 뉴턴을 거치며 체계화되었고, 이는 물리학과 수학의 영역을 넘어 사

▶ 근대적 조립 생산 라인의 대표 사례인 포드의 조립 라인
(1913). 분업을 위한 필수 조건은 각 부품들의 호환이 가능하도
록 만드는 정밀한 수치화였다. ⓒThis Week Magazine

회 전반에 퍼져 나갔다. 우리가 근대화라고 부르는 방식의 이면에
는 세계를 수치화된 데이터로 표현하는 방법이 자리하고 있었다.

　수공업 시대를 지나 산업 사회로 접어들면서 생산은 분업을 도
입했다. 한 사람의 손에서 시작과 끝을 보던 제작 방식은 부품을
생산하고 이를 조립하는 형태로 변화했다. 이때 분업을 가능하게
하는 기본 조건은 부품들의 표준화였다. 정밀하게 측정된 동일한
크기와 무게가 아니면 조립시에 불량이 나기 때문이다. 정확한 측
정을 위해 미터법, 킬로그램법 같은 측정의 표준이 도입되고, 이
를 통해 엄밀한 계량에 기반한 분업의 시대가 도래했고, 이는 산
업혁명의 기본 바탕이 되었다. 산업혁명의 기반에는 수치화와 계

Your key to the Hospital of Tomorrow: 1. Revolving TV screen. 2. Storage. 3. Plastic double-shell roofs can be filled with colored gas to filter sunlight. 4. Underground cobalt stockism. 5. TV monitors for each room. 6. Accordion slide-back ceilings. 7. Sterile polyethylene operating bag. 8. Bed in shower position. 9. Radiant heater for pre-packaged meals and refrigerator unit. 10. Ultra-violet air purifier and intake for each room. 11. Bed in reading position. 12. Bath in pliofilm plastic disposable tub.

▶ 미셸 푸코는 『감시와 처벌』(1975)에서 학교, 병원, 감옥의 구조가 동일하며 수치화와 계량화 속에서 발생하는 감시 권력에 주목했다. 그림은 1960년에 그려진 「병원의 미래」 일러스트레이션. (출처: https://www.thehenryford.org/collections-and-research/digital-collections/)

량화라는 방법론의 도입이 깔려 있었다.

수치화에 기반한 대량생산의 근대화는 전에 없던 물질적 번영을 일으켰지만, 한 켠에서는 그로 인해 발생하는 문제점을 주목한 이들도 있었다. 칼 마르크스는 분업의 과정에서 노동이 생산물로부터 소외되는 현상을 발견했고, 미셸 푸코는 수치화와 계량화가 품고 있는 새로운 문제를 발견했다. 수치화가 곧 감시를 부른다는 점이었다.

근대 이전의 전통사회는 계량화 기술의 발달로 분류 체계에 의해 나뉘기 시작한다. 표준이라는 계량 가능한 기준이 제시되면서 사회에는 비정상이라는 개념이 나타나 정상으로부터 분리되었다. 수치화 기술의 발전은 사람 또한 1등부터 꼴찌까지 한 줄로 세울 수 있는 방법을 보여주었으며, 과거에는 한 마을에 뭉쳐 살던 광인, 거지 등을 정신병원과 보호소에 격리 수용하는 기준을 세우는 바탕이 되었다.

근대화의 풍요 뒤에 숨은 또 다른 의미는 디지털 사회의 도래로 가속화되었다. 데이터는 가상공간에 자리 잡으며 세계의 물리량으로부터 독립적으로 움직이기 시작했다. 사이버 스페이스라는, 물리법칙 바깥 가상세계에서 수치화는 더욱 빠르게 우리 사회를 재편한다. 덕택에 우리는 엄청난 데이터 처리 속도를 통해 지식산업의 발전을 얻었지만, 한편으로는 개인정보의 노출과 통제로 인한 위협과 함께 인간의 존재 자체도 수치화된 데이터로만 파악하게 되는 새로운 억압을 맞이하게 되었다.

### ◉ 새 기술에 대한 저항적 상상이 필요한 시대

〈삼국지〉 시리즈로 대표되는 게임이 캐릭터를 묘사할 때 사용하는 수치화는 그래서 현실 사회에선 억압의 요소로 작용하곤 한다. 게임 속 캐릭터는 수치화되어 새로운 역사를 쓰지만, 같은 방식은 현실에서 스펙 사회를 불러오게 되는 것이다. 토익 900, 학점

4.0, 해외연수 2회, 봉사활동 100시간으로 사람을 평가하게 되는 수치화된 개인의 시대는 어느새 우리 시대를 점령한 지 오래다. 공부는 이제 개인의 수양보다 개인의 데이터를 개선하기 위한 방법이 되었고, 도구로 시작한 수치화는 목적이 되어 사람들에게 삶의 목표를 수치의 개선에 두라고 강요하고 있다.

수치화를 활용하는 대표적인 매체인 게임은 수치화가 가지고 있는 두 가지 측면, 새로운 가능성과 함께 다가오는 감시와 억압의 새로운 경쟁체제라는 두 측면을 함께 보여주는 디지털 뉴미디어 시대의 중요한 사례가 아닐 수 없다. 가능성과 위협을 동시에 품고 있는 수치화의 시대에 게임은 그래서 단순한 유희매체로서만이 아니라 좀 더 풍부한 의미로 우리에게 다가온다. 가상세계라는 현실과 분리된 공간에서의 재현을 통해 실제 우리 세계에도 벌어질 일들을 예견할 수 있는 일종의 시뮬레이터이자 나침반의 의미로서다.

실제 개인의 삶과 생각이 아닌, 마치 〈삼국지〉의 그것처럼 우리 모두가 입학과 취업, 연애와 결혼 앞에서 화술 90, 외모 80, 재력 70, 도덕 90과 같은 데이터로만 남게 된다면 어떠할 것인가? 개인의 일대기가 없어도 〈삼국지〉 게임 안에서 활약할 수 있는 수치화된 캐릭터로서 우리의 미래는 어떻게 그려질 것인가? 정말로 다가올지 모르는 두려운 미래를 우리는 게임을 되새김으로써 어느 정도 타진해볼 수 있을 것이고, 그런 의미에서라면 게임은 우리에게 데이터 사회의 미래를 알려주는 학교로서 기능한다.

〈삼국지〉 시리즈는 데이터로 묘사한 캐릭터를 통해 서사를 수용자가 재구성할 수 있는 새로운 양식을 열어주었다. 그러나 캐릭터의 수치화는 동시에 현실의 우리에게는 스펙사회라는 또 하나의 족쇄로 작용하는 양날의 검으로 의미를 갖게 되었다. 게임에서 플레이어에게 보여주지 않는 숨겨진 수치가 일기토와 전투 결과에 반영되듯이, 실제 우리 삶에서도 스펙 밖의 많은 것들이 개개인의 삶에 영향을 준다는 점을 잊지 않아야 한다. 새로운 수단이 갖는 장점 밖의 어두운 영역을 살피는 것은 갈수록 빨라지는 기술에 끌려가지 않는 삶을 위해 중요한 생각의 지점이다.

# 12살 아버지였던 청년들에게

김민섭

1990년대 중반, 고작 12살이었던 나는 이미 한 아이의 아버지였다. 학원에 보내고, 아르바이트를 권하고, 각종 대회에도 참가하게 하면서 그녀를 공주로 키우기 위해 온갖 노력을 기울였다. 〈프린세스 메이커 2〉, 'PM 2'라는 축약어로 더욱 유명한 이 게임은 그 시절의 많은 이들을 어린 아버지로 만들었다. 물론 〈삼국지〉를 하면서 군주도 되고, 〈대항해시대〉를 하면서 무역상도 되어보았지만, 지금 돌이켜 보면 나에게 가장 큰 영향을 미친 게임은 이것이었다.

▶ 〈프린세스 메이커 2〉. 이 게임 덕분에 90년대의 많은 아이들이 '어린 아버지'를 경험했다. ⓒ가이낙스

### ◖ 나는 12살에 이미 한 아이의 아버지였다

〈프린세스 메이커〉는 말 그대로 자신의 딸을 공주로 육성하는 데 목표를 둔 게임이다. 게임 속의 '나'는 마왕을 물리치고 나라를 구한 용사이고, 어느 날 찾아온 천계의 아이를 입양해 10살부터 성인이 되는 18살 때까지 키우게 된다. 얼떨결에 아빠가 된 플레이어는 두근두근 떨리는 감정과 함께 대체 무엇을 어떻게 해야 하나, 혼란에 빠지게 된다. 아이의 스케줄을 모두 관리해주어야 하며, 공주가 아닌 평범한 아이로 키우기도 무척 어렵기 때문이다. 나 역시 〈프린세스 메이커〉를 즐기면서 '아이는 그냥 크는 게 아니구나' 하는 것을 일찌감치 배웠다. 육아라는 것은 정말이지 철

▶ 생활고에 시달리다 보면, 혹은 딸을 잘 키우고픈 욕심이 과해지다 보면, 이처럼 갑자기 찾아와 딸을 달라는 요구에도 고민하게 된다. ⓒ가이낙스

저한 계획과 섬세한 관리가 병행되어야만 가능한 것이었다.

우선 플레이어가 가장 먼저 겪는 어려움은 '생활고'다. 당연하 겠지만, 아이를 키우는 데는 돈이 든다. 제대로 된 한 인간으로 육 성하고자 하면 돈은 더욱 많이 필요하다. 매년 왕실로부터 생활비 가 들어오기는 하지만, 아이를 고급 학원에 보내기에는 턱없이 부 족한 금액이다.

게임을 하다 보면, '마왕을 물리치고 나라를 구한 용사에 대한 대접이 이것밖에 안 되나' 하는 분노가 가장 먼저 일게 된다(독립 열사들에 대한 대우가 나아져야 한다는 생각을 그 어린 나이에도 종종 했다. 게임 제작자들이 의도치 않았을 순기능 중 하나였다). 만약 충분 한 돈이 제공된다면, 나를 비롯해 플레이어 누구나 아이에게 두 가지 선물을 주었을 것이다. 우선 각종 학원에 보내 초급부터 고

▶ 시문학 수업을 듣는 아이의 모습이다. 성과는 뿌듯하지만, 그에 필요한
비용을 마련하기란 몹시 어렵다. ⓒ가이낙스

급 수준의 지식, 교양, 기술을 익히게 하는 것이다. 자연과학, 시문
학, 신학, 군사학, 검술, 격투 기술, 마법, 예법, 무용, 미술 등 아이
가 방문하길 기다리는 학원들은 매우 많다. 수업을 들을 때마다
각각의 능력치가 올라가는 것이 눈에 보이는데, 그것을 바라보는
아빠(플레이어)의 마음은 뿌듯하다.

그러나 학원비가 만만치 않고 특히 고급 과정에 이르면 '이런
날강도들이 있나' 하는 생각이 들 정도로 높은 비용을 요구한다.
아이의 컨디션이 좋지 않은 날은 수업 시간에 조는 모습이 화면
에 나타난다. 그러면 능력치도 올라가지 않는다. 비싼 돈을 들여
학원에 보낸 플레이어의 마음은 부글부글 끓는다. 한번은 학원을
빼먹고 〈프린세스 메이커〉를 했는데, 모니터 속에서 졸고 있는 아

▶ 가장 가격 대비 성능이 좋았던 '나뭇결 드레스'를 입은 아이의 모습이다. ⓒ가이낙스

이를 보며 분노하다가 문득 나의 부모님을 떠올리고는 잠시 숙연해지기도 했다(부모의 마음을 알게 되는 게임이라는 점에서, 나는 내 아이에게도 이 게임을 권하고 싶다).

충분한 돈이 제공되었을 때 아이에게 주고픈 두 번째 선물은 시장에 가서 가장 좋은 옷과 음식을 사주는 것이다. 비싼 옷을 입으면 그만큼 매력이나 기품이 상승한다. 그러나 돈이 부족하니 기본으로 제공되는 옷만 계속해서 입히거나, 간신히 500골드짜리 '나뭇결 드레스' 정도를 맞추어주게 된다. 매년 열리는 수확제에서는 댄스파티, 요리 대회, 무술 대회 등을 선택해서 참가할 수 있는데, 장비가 부족해 입상하지 못하는 아이를 바라보는 것은 몹시 가슴 아픈 일이다.

## ◉ 딸에게 아르바이트와 무사 수행을 권하다

돈을 벌 수 있는 가장 쉬운 방법은 아이의 스케줄에 각종 아르바이트를 집어넣는 것이다. 집안일부터 시작해 성당이나 농장, 그에 더해 이런 데서 정말 일할 수 있으려나 싶은 묘지기, 나무꾼, 어둠의 주점까지 다양한 아르바이트가 준비되어 있다.

분홍색 옷을 입은 어린 딸이 농장에 가서 짚단을 나르고, 식당에 가서 접시를 닦고, 호롱불을 들고 공동묘지를 오가는 모습을 보면 그 귀여움에 마음이 설레면서도 동시에 자괴감이 든다. '이 시간에 학원을 보내면 아이가 고생 없이 잘 자랄 수 있을 텐데' 하는 마음이 드는 것도 그렇지만, 필요한 수치는 떨어지고 불필요한 수치는 오른다. 예컨대 농장에서 아르바이트하면 체력이나 근력은 오르고, 기품 같은 올리기 힘든 수치가 떨어진다. 학원에 보내 어렵게 올려둔 수치들이 떨어지는 것을 보는 플레이어의 눈에서는 피눈물이 흐를 지경이다.

아이가 어느 정도 자라고 나면, 주점과 같은 곳에서도 일할 수 있다. 물론 딸을 유흥업소에 보내는 아버지는 게임에서도 현실에서도 별로 없다. 그러나 그만큼 '페이'가 세다. 다른 아르바이트의 몇 배가 되는 시급을 보면서 플레이어는 갈등한다. '눈 딱 감고 한 번만 아르바이트를 보내고, 그 돈으로 학원을 보낼까?' 싶은 것이

▶ 아이가 아르바이트를 하는 모습이 실시간으로 중계된다. 일을 잘하는지 못하는지. 그에 따라 각종 수치들이 어떻게 오르내리는지가 한 눈에 들어온다. 잘못을 저지르면 그날의 일당은 없다. 대신 일주일 동안 실수 없이 일하면 약간의 보너스를 받는다. ⓒ가이낙스

다. 차라리 플레이어가 그에 준하는 노동을 해야 한다면 기꺼이 할 것이다. 마왕을 한 번 더 쓰러뜨리고 오라고 하면 어떻게든 해보겠지만, 게임에서는 오직 아이의 스케줄을 관리하는 것만 가능하다.

아이가 할 수 있는 일 중에는 '무사 수행'이라는 것도 있다. 성 밖에서 아메바, 트롤, 용, 유괴범 등과 싸우는, 말 그대로 수행이다. 이기면 돈이나 아이템을 얻을 수 있고, 지면 '큐브'라는 집사가 아이를 집으로 데리고 돌아온다. 아이에게 무슨 힘이 있어서 그런 괴물들과 싸울까 싶지만, 무술학원 수강과 농장 아르바이트 같은 것으로 체력과 근력 수치를 올리면 충분히 잘 싸운다.

▶ 어떻게 육성하느냐에 따라 아이는 홀로 무사 수행을 떠나 무신과 싸우기도 한다. ⓒ가이낙스

나중에는 빙산 지대에서 '무신'과도 싸운다. 이쯤 되면 게임의 장르가 공주를 만들기 위한 육성 시뮬레이션이 아니라 마왕을 물리치려는 육성 RPG로 바뀌지만, 이 역시 나름의 재미가 있다. 이에 심취한 플레이어들은 아이를 장군이나 무사로 키워내기도 한다.

◉ 아이는 그냥 크지 않는다

12살에 한 아이의 아버지였던 나는, 이제는 두 아이를 둔 '진짜' 아버지가 됐다. 그때 게임을 즐겼던 많은 내 또래들도 그럴 것이다. 연애와 결혼이 쉽지 않고 출산과 육아에 이르기는 더욱 어렵지만, 군주나 무역상이 되기보다는 아버지가 조금은 더 쉬울 것이

▶ '아버지와의 관계' 수치가 낮으면 아이는 '불량'하게 변하고, 건강이 나
빠지거나, 위의 이미지처럼 충동구매를 하기도 한다. ⓒ가이낙스

다. 〈프린세스 메이커〉라는 게임은 아이는 홀로 크지 않는다는 것
을, 무엇보다도 부모의 관심과 사랑이 필요한 존재라는 것을 깨닫
게 해주었다.

어린 시절 게임을 할 때는 '아버지와의 관계'라는 수치가 왜 필
요한지 잘 몰랐다. 그 수치가 떨어지면 아이는 반항하기 시작하
고, 학원에 가든 아르바이트를 하러 가든, 일을 제대로 하지 않는
다. 그것은 무척 불필요한 옵션 같았다.

그러나 차라리 대화나 맛있는 음식으로 해결할 수 있었던 그때
가 좋았다. 현실 속 아이와의 관계는 훨씬 더 복잡다단하다. 아이
의 기분이 왜 나빠지고 풀리는지 잘 몰라 답답하다. 그리고 아이

에게 농장 아르바이트를 시킬 때보다도 돈을 버는 일은 더욱 힘겹다. 게임 속에서는 아이가 아르바이트로 벌어오는 돈으로 그럭저럭 아이를 키울 수 있었지만, 현실에서는 내가 본업 외에 이런저런 노동을 더 해야 한다. 지금 쓰는 이 글도 아이를 어린이집에 보내는 데 작은 도움이 될 것이다.

▶ 〈프린세스 메이커 2〉의 다양한 엔딩들. 아이는 육성 방식에 따라 다양한 직업을 선택하게 된다. 공주가 된 딸의 모습도 물론 눈부시지만, 군인이나 농부가 된 모습들 역시 그에 못지않게 행복해 보인다. ©가이낙스

무엇보다도, 아이는 부모가 짠 스케줄대로 움직이는 존재가 아니다. '무엇으로 키워야겠다'고 하는 부모의 욕망보다는 '무엇으로 크고 싶다'는 아이의 목소리가 더욱 중요하다는 것을 알았다 (고백하자면 돌잡이를 할 때 연필을 슬쩍 치우기는 했다. 어떤 선택을 하든 대학원에는 가지 않았으면 했기 때문이다).

이제 20년 전 〈프린세스 메이커〉를 즐기던 나와 내 또래들은 아버지와 어머니가 되어 '가족의 삶'이라는 현실의 게임과 마주했다. 군주나 무역상이 되지는 못했지만 내 주변의 많은 친구들이 부모가 되었다. 처음부터 그러한 목표가 있었기 때문인지는 잘 모르겠다. 아마도 입학, 졸업, 취업, 결혼, 출산, 육아 등 인생의 단계를 차근차근 밟아가다 보니 자연스럽게 그렇게 된 것 같다. 인생에는 게임처럼 저장이나 로딩 기능이 없으니, 계속 나아가는 수밖에 없다. 아마도 아이에게 고급 과외를 시키거나 남들보다 좋은 장비를 제공하기는 어려울 것이다. 우리는 금수저가 아니고, 마왕을 물리쳐 나라를 구한 훌륭한 용사도 못 된다. 그러나 평범한 부모로서 나의 아이를 믿고 응원하는 일, 그것으로 아이가 자신의 〈프린세스 메이커〉를 실행하고 스케줄을 채워나가는 데 도움을 줄 수 있다면 충분하지 않을까.

# 여러분의 도시는
# 재미있나요?

전홍식

한 사람이 있었다. 내성적인 성격에 혼자 틀어박혀서 독서에 열중했던 그는 어느새 게임 개발자가 되었고, 헬기를 조종해서 임무를 수행하는 게임을 개발했다. 윌 라이트가 개발한 〈레이드 온 번겔링 베이Raid on Bungeling Bay〉라는 게임은 여러 가지 흥미로운 요소를 갖고 있었다. 그중 타일을 블록처럼 맞추어 지도를 만드는 편집기가 있었고, 어릴 때부터 몬테소리를 통해 블록 맞추기에 익숙했던 개발자가 지도 편집기에 빠지기까지는 오랜 시간이 걸리지 않았다. 지도 편집기에 열중한 그는 이것만으로도 충분히 재미를 느낄

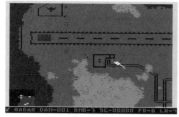

▶ 〈레이드 온 번겔링 베이〉(왼쪽)와 맥 버전의 흑백 〈심시티〉(오른쪽). 헬기 습격 게임에서 도시 개발로 연결되는 과정이 재미있다. ©MAXIS

수 있다는 것을 깨달았고, 이를 기반으로 새로운 게임을 만들었다.

거대한 지도를 무대로 여러 가지 건물과 도로를 만들어 도시를 건설하고 운영하는 게임, 바로 〈심시티simcity〉였다. 1989년에 나온 〈심시티〉는 전 세계 많은 게이머에게 충격을 안겨주었다. 그것은 이제까지 없었던 게임이었기 때문이다. 여기엔 적도, 결말도 없었다. 게다가 목표도 주어지지 않는다. 단지 넓은 영토와 도시에 필요한 여러 아이템만 존재할 뿐. 설명서에 따라 이것저것 선택해서 만들다 보면 도시처럼 보이는 뭔가가 생겨나기 시작했다.

## ◉ 새로운 도시의 시작

짓고 부수고 짓고 부수고……. 지표라고는 재정Fund을 나타내는 돈 하나밖에 없는(아니, 그렇게 착각하게 하는) 이 게임을 처음 접한 사람들은 그 돈이 다 떨어질 때까지 이것저것 만들다가 깨닫는다.

▶ 심시티를 향한 표지판. 이후엔 무한한 자유가 펼쳐져 있었다. ⓒ MAXIS

'아. 내가 파산했구나'라고 말이다. 그리고 이것이 레고 블록이 아니라 하나의 살아 있는 세계를 다루는 무언가라는 것을 느낀다.

그리고 처음부터 다시 시작하여 하나씩 만들어나간다. 사람들이 살 수 있는 주택지구(R)를 건설하고, 그 옆에 일자리가 되는 상업지구(C)와 공업지구(I)를 세우지만, 아무것도 달라지지 않는다. 그제야 각 지역 위에 깜빡이는 번개 표시가 '전기가 필요하다'는 뜻임을 깨닫고 조금 떨어진 곳에 발전소를 세우고 전선을 연결한다. 그러면 번개 표시가 꺼지고, 놀라운 일이 벌어진다. 주택지구를 시작으로 상업지구, 공업지구에 건물들이 들어서고 조금씩 발전해나간다.

화면에 나오는 지표를 통해 인구가 늘어나는 것을 알고, 이것저것 세우다 보면 어느새 도시엔 수백, 수천 명의 사람이 몰려들

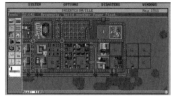

▶ 이것저것 늘리다 보면 도시는 점차 성장한다. ⓒMAXIS

고 북적이기 시작한다. 조그만 건물과 빌딩으로 가득했던 주택지
구와 상업지구에는 큰 아파트와 대형 빌딩이 들어선다. 도로에 길
이 막힌다는 것을 보여주는 차들이 늘어날 즈음, 도로가 너무 좁
다는 것을 깨닫고 고민하게 된다. 건물을 부수고 길을 넓힐까, 아
니면 정체 따위 무시할까…….

　게임 세계 시간으로 2, 30년쯤 지나면 도시는 제법 커진다. 불
이 나는 것을 보고 소방서가 필요함을 깨닫고, 범죄율 지표를 통
해 경찰서가 더 있어야 하는 것을 느끼면서 하나둘 시설을 늘리
다 보면 어느새 돈이 다 떨어져서 파산 직전에 이른다. 그제야 사
람들은 '어떻게 하면 망하지 않을까?'를 생각한다. 그리고 전에는
무시했던(몰랐던) 각종 지표와 지도를 살펴보며 고민한다.

　도시에는 온갖 문제가 끊이지 않는다. 도시가 커지면 경찰서나
소방서뿐만 아니라 병원이나 학교도 필요하다. 발전소나 공장을
마구 늘리다 보면 공해 문제가 대두하고, 인구가 줄기 시작한다.

그러면 부랴부랴 나무를 심고 발
전소를 공해가 적은 석유나 가스
식으로 바꾼다. 도시를 만들어가
면서 사람들은 도시가 하나의 거
대한 생명체라는 것을 깨닫게 된
다. 그리고 우리 몸처럼 모든 지역
이 유기적으로 연결되어 발전하고
쇠퇴한다는 것을 느낀다. 우리가
무심코 지나치던 여러 가지가 사

▶ 고질라를 닮은 괴물과 쑥대밭이 된 도
시. 뒤늦게 '재난' 기능을 끄지만, 일단 나
타나면 사라지지 않는다. ⓒMAXIS

실은 도시에 꼭 필요하다는 것을 알게 된다.

  참고로 이 게임을 하면서 '고질라는 굉장히 무섭다'는 것도 절
실하게 느낄 수 있다. 발전한 도시를 보며 흐뭇해하는 순간, 바다
에서 튀어나온 괴물이 건물을 짓밟는 것을 보며 공포에 빠지게
될 것이다. 그러니 처음에는 가능하면 '재난' 기능은 꺼두는 것이
좋다.

  돈이 모두 떨어져서 망하지 않는 한 게임은 무한히 계속되며 도
시는 미래를 향해 발전한다. 별도로 판매되는 심시티 그래픽 셋을
설치하면 중세의 도시나 달 식민지를 건설하는 재미를 맛볼 수 있
다. 그래픽만 달라질 뿐이지만, 아파트 대신 오두막이 세워지고 미

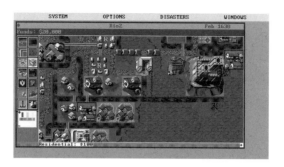

▶ 중세 도시와 달 식민지를 건설하는 묘미도 맛볼 수 있다. ©MAXIS

래 건물이 들어서는 모습은 판타지나 SF 팬의 흥미를 끌 만하다.

어느 순간 플레이어들은 자신을 시장이라 느끼며 나만의 도시를 만드는 데 열중한다. 목표도 방향성도 없던 상황에서 제각기 목표를 설정하고 발전시켜나간다.

◉ 나만의 도시를 향한 여정, 내가 살고 싶은 도시는?

후속작인 〈심시티 2000〉은 이처럼 '나만의 도시'를 건설하는 궁극의 게임이었다. 위에서 내려다보는 탑 뷰 화면에서 대각선 방향으로 내려다보는 쿼터 뷰로 바뀌면서 지형의 높낮이를 느낄 수 있게 만든 〈심시티 2000〉은 내가 만든 도시를 한눈에 바라보는 놀라운 체험을 하게 해주었다.

높고 낮은, 온갖 지형 위에 다양한 건물이 들어서고, 도시가 발

▶ 다채로운 모습의 빌딩이 가득한 도시를 건설할 수 있다. ©MAXIS

전하는 장면이 펼쳐진다. 주택, 상업, 공업지구가 2×2 크기로 정해졌던 1편과 달리 〈심시티 2000〉에선 각종 지구의 크기를 자유롭게 정할 수 있었다(길에서 3칸 이상 떨어지면 발전하지 못하는 제약은 있었다). 그만큼 다양한 건물, 다채로운 도시를 완성할 수 있었다.

처음 게임을 시작한 플레이어들은 조금이라도 편하게 도시를 만들고자, 지도 편집기에서 평평한 땅에 강물도 일자(또는 십자)로 똑바로 나 있는 지형을 세웠다. 길은 강남 거리처럼 바둑판처럼 뻗어 있고, 건물 구획은 가장 큰 건물들이 설 수 있도록 모두 6×6칸으로 통일한 도시. 주거지엔 아파트가 즐비하고 상업 지역엔 모두 초고층 건물이 들어서 있다.

당연히 도시의 효율은 가장 높고, 인구는 수십만을 넘어선다.

▶ 공장에서 찍어낸 듯 똑같은 건물로 가득한 중국의 주택단지. 그나마 아파트보다는 나을까? (출처: http://jjalview.tistory.com/833)

대학이나 병원 같은 시설도 넉넉하니 생활 만족도도 충분하다. 평생 교육 기관인 도서관을 곳곳에 세워두면 나이 든 사람들의 지적 수준도 충족된다. 어느 시점에선 인구가 늘지 않지만, 그조차 궁극의 미래 건물인 '계획 환경 도시Arcology'로 해결한다. 7×7 크기에 20만 달러짜리 건물 하나면 자그마치 6만 5천 명이 살 수 있다. 주거지에서 일자리까지 포함된 시설이라 사람들은 밖으로 나올 필요조차 없다. 그야말로 천국의 도시, 이상적인 미래다.

하지만 어느 순간 생각한다. 이건 아니라고. 시민들은 (데이터상으론) 행복하고, 인구는 더없이 많으며, 재정도 안정되어 있다. 하지만 도시 전경을 보는 순간 뭔가 이상한 기분이 든다. 그리고 깨

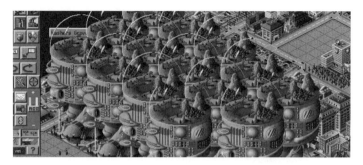

▶ 〈심시티 2000〉 궁극의 건물인 계획 환경 도시. 좁은 공간에 6만 명이 넘는 사람이 완벽한 삶을 살게 해 놓은 건 좋은데, 이것만 가득한 도시는 꽤 무섭다. ©MAXIS

닫는다. 내가 좋아하는 도시는, 내가 살고 싶은 도시는 이런 게 아니라고.

처음엔 아무것도 모르고 망하다가 효율적인 테크트리를 찾아서 도시를 발전시키고, 어느새 나만의 매력적인 도시를 만들어나가는 게임. 〈심시티 2000〉은 데이터와 수치만이 전부는 아니라는 것, 그리고 테크트리를 따라가는 것만이 좋은 플레이 방법은 아니라는 점도 일깨워주었다. 남들이 아니라고 해도 내가 좋으면 된다는 것을 말이다.

◉ 내가 좋아하는 길을 찾아 〈심시티〉는 탄생했다

심시티 개발자인 월 라이트가 그랬다. 지도 편집기와 도시 공학이라는, 당시 게임 개발자는 아무도 관심을 두지 않았던 요소의 매력에 빠진 윌 라이트는 이것을 기반으로 게임을 만들어서 〈레이드 온 번겔링 베이〉의 개발사인 브로더 번드를 찾아가 게임을 보여주었다. 그것을 본 회사 운영진은 말했다. "특이하군. 그런데 적은 언제 나오지? 결말은 뭔데?"

내성적인 성격에 말재주도 없었던 윌 라이트는 이대로도 재미있는 게임이라는 것을 설득하지 못했다. 그래서 다시 돌아가 게임을 뜯어고쳤다. 그런 일이 몇 번이나 반복되자 윌 라이트는 완전히 실의에 빠져버렸다. 그는 자신이 좋다고 생각하는 것을 아무도 좋아하지 않는다고 생각했다.

그런 그에게 한 게임 개발자들이 모인 파티의 초대장이 날아왔다. 훗날 윌 라이트가 '세상에서 가장 중요했던 피자 파티'라고 회상한 그곳에서 윌 라이트는 제프 브라운이라는 사람을 만난다. 아니 정확히는 파티임에도 묵묵히 피자나 축내던 그를 궁금하게 여긴 제프 브라운이 먼저 말을 걸었다.

"아무도 내 게임을 좋아하지 않아." 윌 라이트는 이렇게 말했지만, 제프 브라운은 그의 게임에 관심을 가졌다. 그리고 게임을 보고는 흥분하며 외쳤다. "뭐야, 이건 완성된 게임이잖아? 정말로 최고의 게임이야!" 제프 브라운의 제안으로 윌 라이트는 그와 함께 맥시스라는 회사를 설립했다. 제프 브라운이 '심시티'라는 제

▶ 한 괴짜와 그의 재능을 알아본 친구가 만든 맥시스는 이후 무수한 게임을 쏟아낸다.
(출처: http://www.deviantart.com/tag/siman) ⓒMAXIS

목과 몇 가지 아이디어(고질라를 닮은 괴물을 넣은 것도 그의 제안이었다고 한다)를 제안했지만, 기본 틀은 윌 라이트가 좋아하는 그 모습 그대로였다. 〈심시티〉는 그렇게 세상에 모습을 드러냈다. 그리고 결과는 우리가 아는 대로 대성공이었다. 윌 라이트가 "아무도 좋아하지 않아"라고 이야기했던 게임을 좋아하는 사람은 세상에 얼마든지 있었던 것이다.

헬기 전투 게임에서 자신이 좋아하는 지도 편집기에만 열중했던 괴짜가 만든 게임. '적'이나 '목표' 같은 (당시 사람들이 생각하던) 게임의 기본 요소조차가 없어 외면 받은 게임. 하지만 그 게임은 윌 라이트 자신이 좋아하는 모습으로 세상에 등장했고 건설·경영 게임, 그리고 샌드박스 게임이라는 가능성을 열어주었다.

윌 라이트는 "게임은 수백, 수천 년에 이르는 거시적 관점에서 세상을 바라보게 하고, 그것이 내가 할 일"이라고 말했다. 〈심시티〉, 그리고 그가 만든 무수한 게임은 모두 그처럼 넓은 관점에서 세상을 보고 또 한 번 생각하게 하는 매력이 있다. 쓰레기 매립장 주변 환경은 좋지 않으며, 지하철 같은 대중교통에 신경 쓰면 차량이 줄어들어 도로 사정이 좋아진다는 것을 알려준다.

동시에 그의 게임은 삶을 살아가는 방식이 하나가 아니라는 것을, 효율적이고 완벽하고 높은 점수를 얻는 것 이상으로 자신이 좋아하는 무언가를 하는 것이 소중하다는 점을 깨닫게 한다. 그리고 똑같아 보이는 도시의 풍경을 사람마다 다르게 느낄 수 있다는 것도 전한다. 설사 남들이 좋아하지 않아도 내가 좋아하는 길을 가는 것이 절대 틀리지 않는다는 것을 느끼게 해준다.

오래전 나는 컴퓨터 잡지 〈마이컴〉의 '심시티 2000 도시 공모전'에서 심사를 맡았다. 40명 정도가 참가했지만, 특별히 개성 있는 도시는 존재하지 않았다. 대부분 비슷한 메트로폴리스였고, 심지어 계획 환경 도시로 가득한 도시도 있었다. 하지만 그중 한 도시는 조금 특이했던 것이 떠오른다. 인구가 1만 명 정도밖에 안 되어 기준 미달로 탈락했지만, 온갖 매력적인 풍경이 넘쳐나는 전원도시였다.

그러한 도시를 만들기까지 정말 힘들었을 것이다. 도시가 넓어질수록 그만큼 많은 시설이 필요하다. 반면 인구가 적으니 세금도 적게 걷혀서 적자 나기 십상이다. 심시티에서 그 상태를 유지하면서 전원도시를 만드는 건, 인구 수백만의 거대 도시를 유지하기보다 어렵다.

그걸 만든 사람은 어떻게 했을까? 데이터를 조작한 것은 아니었다. 그러니 분명 엄청나게 고민하고 노력하면서 도시를 키워나갔을 것이다. 마치 분재를 가꾸듯 세심하고 정밀하게 말이다. 대체 그 사람은 왜 그렇게 했을까? 남들처럼 바둑판 같은 길 위에 거대 도시를 만들면 훨씬 쉬울 텐데. 그 이유가 무엇이든, 그 도시는 참 재미있었다. 인구나 재정 상태는 다른 도시보다 못하지만, 제작자의 애정이 느껴졌고, 그 도시만의 매력이 가득했다.

일찍이 윌 라이트는 자신이 좋아하는 것을 찾아 노력한 끝에 〈심시티〉와 〈심즈〉, 그리고 무수히 많은 게임을 만들어냈다. 그중 〈심시티〉와 〈심즈〉를 제외하면 크게 성공한 작품은 없고, 실패한 것도 적지 않지만 윌 라이트는 결코 그것을 후회하지 않을 것이

▶ 시트콤 게임이라고 밖에 할 수 없는 심즈 시리즈. 이 역시 윌 라이트의 취향에 따라 완성되었고 더욱 성공하게 된다. ⓒMaxis

다. 그것이 바로 그에게 있어 좋은 길, 그리고 많은 사람을 재미있 게 만든 길이니까.

〈심시티〉는 우리 삶에 정답이 하나만 존재하는 것이 아니라 는 점을 이야기한다. 삶이란, 무언가 '올바른 길'을 위해서 경쟁하 는 것이 아니라, 우리가 좋아하는 길, 우리가 즐거운 길을 찾아가 는 여정이라는 것을. 자신이 진정으로 바라는 것을 좇으며 살아갈 때, 그것이 행복으로 이어질 수 있다는 사실을. 그런 점에서 이런 질문을 던져보고 싶다.

"여러분의 도시(게임, 그리고 삶)는 정말로 재미있나요?"

## 화이트데이

# 그 불안의 이름을
# 말하게 하라

홍현영

'화이트데이'는 좋아하는 이성에게 호감을 표시하기 위해 사탕을 주는 날이 아니다. 최소한 2001년 당시 게이머들에게는 수위의 무서움을 논할 수밖에 없는 화제의 공포게임을 연상하게 하는 단어였다. 〈화이트데이: 학교라는 이름의 미궁〉은 〈악튜러스〉, 〈어스토니시아 스토리〉와 같은 게임을 차치하고 손노리 사의 최고 명작이라 평가해도 과하지 않은 작품이다. 현재도 VR과 스팀 버전에 이르기까지 지난날의 아성을 이어가기 위한 노력이 계속될 정도로 이 게임이 가진 무게는 컸다. "국내 호러게임 역사에 한

▶ 〈화이트데이〉의 배경이 되는 옛날식 학교 건물은 그 자체로도 공포의 소재가 될 만하다. 귀신이 등장하는 곳 역시 한국식 괴담에 걸맞은 컴퓨터실과 같은 곳을 배경으로 삼고 있다. ⓒ손노리

획을 그은 게임"이자 "한국 특유의 공포스러운 분위기를 살려"냈다는 평가가 그것을 증명한다.[1]

◉ 한국식 공포 게임의 서막

〈화이트데이〉가 한국식 공포 게임을 개척했다고 평가받은 이유는 게임의 배경이 되는 장소와 진행 방식, 아울러 소재에 있다.

한밤중에 학교를 헤매고 다닌다는 게임 설정을 위해서, 플레이어가 몰입하는 대상은 잠입한 공간에 익숙하지 않은 존재여야만한다. 따라서 주인공은 전학생이며, 호감을 느낀 여학생의 다이

1 조영준, 「국산 호러게임 탐방」, 《게임동아》, 2014년 8월 19일.

어리를 몰래 돌려주기 위해 굳이 밤중에 학교를 다시 방문할 정도로 소심하면서도 대범한 구석이 있어야 했다. 공간에 익숙한 이들에게 학교는 헤맬 이유가 없는 곳이며, 이미 잘 알고 있는 괴담을 새로운 정보인 것처럼 수집할 당위성도 없기 때문이다. 우리는 언제 어디에서 무엇이 나에게 나타날지 모른다는, 달리 말하면 세계가 위협적인 것들로 가득하다는 인상을 받을 때 불안감을 느낀다.[2] 정보를 알 수 없는 미지의 공간에 자신이 던져져 있다는 감각이야말로 공포 게임에서 기대감을 갖게 만드는 원칙 중 하나다.

주요한 적인 수위에 대한 플레이어의 대응 방식이 달아나는 것 외에는 다른 방법이 없다는 점도 공포를 불러일으키는 요인 중 하나다. 〈화이트데이〉는 기괴함을 전달하기 위해 그로테스크한 형상의 괴물들이 등장하고, 그것을 격파해나가는 〈바이오 하자드〉로 대표되는 서바이벌 공포 게임과는 달랐다. 공포는 공포의 대상이 불확실하며, 위협을 가하는 존재의 정체를 모르기 때문에 대처할 방법이 없을 때 발생한다. 익숙한 존재가 낯설어지고, 생존의 위협에 대처하는 방법이 그저 달아나는 것뿐이라는 사실은 공포 영화에서는 드물지 않은 클리셰지만, 당시에는 획기적인 시

---

2 지그문트 바우만, 「유동하는 공포」, 한규진 옮김, 산책자, 2009, 13쪽.

▶ 서바이벌 공포 게임의 훌륭한 선례를 세운 〈바이오 하자드〉는 이미 같은 이름으로 활동하는 밴드가 있어서 일본을 제외한 다른 나라에서는 〈레지던트 이블〉이라는 타이틀로 판매되었다. ⓒCAPCOM

도였다.

그럼에도 〈화이트데이〉를 한국식 공포 게임이라고 평가하는 것은 도시 괴담, 그중에서도 학교 괴담을 적극적으로 활용했다는 점이 주요할 것이다.

◉ 도시 괴담의 장소성

학교는 일종의 통과의례적인 공간이자, 특정 시기와 시간에만 머무르는 것을 허락받은 장소다. 특히 고등학교는 행정적인 절차에 따라 졸업을 하지 않고 유예하거나 교육받는 기간을 잠시 멈추는 것이 가능한 대학교와는 사뭇 다른 성격을 갖는다. 누구나 거쳐 가야 하지만, 억압적이고 비인간적인 제도나 불합리한 요소들을 경험하는 곳이기도 하다. 또 지속적으로 이야기를 듣고 전파할 수 있는 장소로서 학교는 괴담의 속성과 잘 맞아떨어진다.

〈화이트데이〉에서 사건의 발단이자 장소의 이질성이 시작되는 곳은 화단 옆의 벤치다. 그곳에서 주인공 희민이 호감을 가지고 있는 인물인 소영이 다이어리를 들고 앉아 있다 떨어트리고 간다. 이 화단을 지나쳐 플레이어가 학교 본관으로 들어가는 순간 '미궁'이 열린다. 학교는 운동장과 화단을 경계로 개방되어 있는 공간과 밀폐된 공간으로 구분된다.

초등학생 사이에 떠도는 대표적인 괴담 중 하나는 움직이는 동상이다. 그리고 독서하는 소녀나 이순신 장군 동상이 움직이고, 운동장에서 전투를 벌이는 시간은 언제나 한밤중이어야 했다. 동상들이 놓인 화단, 운동장과 같은 공간은 그 공간의 개방성 때문에 밤에만 괴담이 성립한다. 그러나 밀폐되어 있는 화장실이나 음악실 같은 곳은 시간과 관계없이 괴담의 무대가 될 수 있다.[3]

이와 같은 측면에서 화장실이 게임을 시작하는 장소이자 기록을 저장하는 곳이라는 점은 주목할 만하다. 언제, 무엇이 나와도 이상하지 않은 곳을 플레이어가 주기적으로 방문할 수밖에 없도

---

3 김종대, 『한국의 학교괴담』, 다른세상, 2002, 112쪽.

록 만든 것이다. 그리고 모든 위협이 사라지고 게임의 엔딩이 보여주는 장소는 미궁 밖이자, 아침에는 현실의 질서가 통용되는 운동장이라는 점 역시 공간의 구획을 상기시킨다.

공간은 그 공간을 점유하고 있는 사람들이 기본적으로 공유하고 있는 인식을 기반으로 명명된다. 공간에 대한 지칭, 지명과 같은 것들이 그 공간을 이해하는 방법을 보여주는 예일 것이다.[4] 대부분의 학교에는 학교 터에 대한 유래담이 존재한다. 태평양 전쟁 당시의 수용소였거나, 6·25 전쟁 때 병원으로 사용된 곳이었을 수도 있으며, 공동묘지 위에 터를 닦지도 않고 건물을 올렸다는 이야기도 있었다. 〈화이트데이〉에서는 신관 자리에 본래 있었던 연못과 물귀신에 대한 괴담이 등장한다. 학교를 탐방하면서 플레이어가 얻게 되는 괴담이 적힌 쪽지는 건물의 특정 장소에 등장하는 귀신을 물리칠 수 있는 일종의 가이드라인 역할을 한다.

학교에 얽힌 유래담은 내용 자체를 신뢰하기는 어렵다. 괴담은 구전되는 이야기의 속성상, 출처를 알 수 없거나 의도적으로 출처가 삭제된 이야기가 대부분이다. 따라서 괴담은 학교가 주는 이질

---

4 지리적 공간은 세계에 대해 인간이 어떻게 인식하고 있으며, 자신이 놓인 환경에 어떤 경험을 가지고 있는가를 연계하고 반영한다. 장소에 이름을 붙인다는 것은, 인간이 파악한 장소의 속성에 의해 의미가 부여된다는 말과 같다. 아울러 인류의 필요에 적합한 방식으로 장소를 개조하는 방식을 통해, 지리적 공간은 인간화된 특정 문화의 의미 있는 공간이 된다. 이와 같은 내용에 대해서는 『장소와 장소상실』(에드워드 렐프 지음, 김덕현 김현주 '심승희 옮김, 논형, 2005, 54쪽) 참조.

적인 불안감을 설명해주는 일종의 느슨한 장치에 가깝다. 〈화이트데이〉를 진행하면서 플레이어가 공포를 느끼는 이유는 천장에 매달린 귀신이나 갑자기 등장하는 수위의 모습 때문만은 아니다. 오히려 실체가 없는, 교실에서 갑자기 들리는 판서 소리나 복도를 울리는 아이 울음소리 쪽이 더 공포를 자극하기도 한다.

달리 말하면, 괴담은 학교라는 익숙한 공간에서 왜 느닷없이 소름이 돋거나 위화감을 느끼게 되는지를 서사를 붙여 이해하는 과정에서 창출된다. 그렇기 때문에 귀신은 교실보다는 무용실이나 음악실과 같이 특별한 활동이 없는 한 잘 들어가지 않는, 혹은 수업 이외의 시간에는 출입이 금지된 공간에서 등장한다. 하루의 대부분을 보내는 교실과 같이 익숙한 장소보다 낯선 곳, 밀폐된 공간이 불안한 상상을 자극하기 때문이다.


◉ 말할 수 없는 자가 말하는 법

1993년 한국에서는 빨간 마스크와 관련된 괴담이 초등학생들 사이에서 유행한 적이 있었다. 많은 괴담이 그렇듯, 이 괴담은 일본에서 시작되어 뒤늦게 한국에 흘러들어온 사례 중 하나였다. 1979년 봄, 일본 기후현의 지역 신문에서 한 할머니가 마당에 있던 화장실에서 입 찢어진 여자를 보고 기절했다는 기사가 있었다.

이 도시 괴담이 한국적으로 정착한 사례는 당시의 시대적 상황과 무관하지 않다. 학교가 끝나고 학원을 전전하다 귀가를 위해 늦은 시간 어두운 골목길에 접어든 아이들의 상상력이 빨간 마스크를 만들어낸 것이다. 이는 빨간 마스크를 쓴 여성의 입이 찢어진 이유가 치과 진료 중에 입을 돌리다가 수술 도구에 베였기 때문

▶ 빨간 마스크 괴담을 기반으로 만든 시라이시 고지 감독의 영화 〈나고야 살인사건〉 ©TORNADO FILM

이라는 괴담 내용을 통해서도 짐작할 수 있다.[5]

그러나 괴담은 단순히 무료한 아이들이 만들어낸 상상력의 소산만은 아니다. 시대마다 유행하는 괴담은 다르며, 그 내용은 사회가 갖는 불안감과 잠재된 가치관을 비유적으로 보여준다. 빨간 마스크 유래담에서 여성의 입이 찢어진 이유는 대부분 성형수술의 실패가 원인이었다. 끊임없이 타인에게 전시되고 평가받는 육체를 만들어야 할 것을 요구받는 여성의 상황이 성형에 대한 욕구와 불안감을 동시에 가져왔다.

5 박흥춘, 「'빨간 마스크' 쓴 그녀의 충격적인 비밀이」, 〈아시아경제〉, 2012년 8월 18일.

그런 의미에서 본다면 빨간 마스크는 희생자의 표상이다. 빨간 마스크를 물리치는 방법이 '포마드'를 세 번 외치는 것이라는 이야기도 같은 맥락이다. 포마드는 흐트러짐 없는 머리를 만들기 위한 왁스의 종류로, 어른 남자의 상징이기도 했다. 남성성을 증명함으로써 괴물을 물리칠 수 있다는 발상은 어딘가 씁쓸한 구석이 있지 않은가.

〈화이트데이〉에 수록된 '학원 괴담' 중 학생과 밀접하게 연관되어 있는 내용은 다이어트와 외모에 대한 강박, 학업 성적으로 인해 발생하는 경쟁심에 대한 부담감, 사랑의 실패에 대한 두려움이 주를 이룬다. 현대 사회에서 주체는 자신을 완벽히 통제해야 하는 존재다. 따라서 늘 생산적이어야 하며, 어떤 종류라도 사회에 해를 끼쳐서는 안 된다. 사회가 요구하는 주체로 거듭나는 데 방해가 되는 요소는 무엇이라도 장애로 분류된다. 불안은 어떤 것이든 치료 가능한 것이어야 하며, 매스미디어는 그것들이 문제이자 나아질 수 있는 것이라 진단한다.[6] 그러나 표출되지 못한 불안은 괴담으로 모습을 바꿔 봉합되어 떠돈다.

귀신은 사후 세계가 존재한다는 문화적 상상이 고안한 결과물이다. 그리고 '학원 괴담'에 등장하는 실패에 대한 두려움 혹은 결

---

6 레나타 살레츨, 「불안들」, 박광호 옮김, 후마니타스, 2015, 19~40쪽.

과로 죽음에 이른 존재는 대부분 여성이다. 불안감을 거론하면 병을 앓는 환자로 취급하는 사회에서 괴로움은 개인의 몫으로 전가된다. 괴담의 주인공들은 불안을 말할 수 있는 입을 갖지 못한 자들이다. 오히려 괴담은 죽음 이전에는 말할 수 없는 영역을 말할 수 있게 만드는 장치다. 육신이라는 감옥을 넘어서면서 일시적으로 봉합되었던 불안을 거론할 수 있게 되는 것이다. 〈화이트데이〉에서 불안의 영역을 넘어서 말할 수 있는 입을 가진 산 사람은 성아의 어머니로 추측되는 인물뿐이다. 그리고 그녀는 사이렌 소리만 들으면 괴로워하는 광인으로 재현되어 있다.

## ◉ 신뢰할 수 없는 사회

〈화이트데이〉를 플레이해본 사람들의 리뷰 중 공통적인 이야기는 가장 무서운 건 귀신이 아니라 수위라는 것이었다. 〈화이트데이〉의 구성은 비교적 단순한 편이다. 게임 자체의 분위기를 차치한다면 장소를 탐색하며 체력을 보충할 수 있는 아이템을 얻거나, 제공되는 정보를 기반으로 퀴즈를 푸는 형식에 가깝다. 귀신 역시 등장하는 장소와 조건이 정해져 있는 편이다. 이와 같은 구성에 긴장감과 공포감을 조성하는 것이 바로 학교 본관과 신관을 수시로 순찰하는 수위의 존재다.

▶ 〈화이트데이〉를 플레이한 사람이라면 한 번쯤은 비명을 지를 수밖에 없는 본관 수위의 얼굴. 2015년 리메이크판에서 수위의 얼굴은 평범한 악인이라는 특징이 더 잘 드러난다. ©손노리

〈화이트데이〉의 수위는 대화가 가능하지 않은 인물이다. 게임의 첫 부분에 울리는 사이렌을 멈추기 위해 기계실을 찾아가는 도중 플레이어는 그의 광기를 확인할 수 있다. 환풍구 통로에서 한 남학생을 무참히 폭행하고 끌고 가는 모습을 목도하기 때문이다. 어두운 교실로 숨어든 플레이어는 수위가 들고 다니는 열쇠뭉치가 부딪치며 짤랑거리는 소리를 듣는 것만으로도 공포감을 맛본다.

낮의 학교와 밤의 학교는 다른 공간이다. 낮의 학교는 교실을 가득 채운 학생들이나 복도를 걷는 선생님 등 군중이 모이는 곳 특유의 소리들로 가득하다. 그러나 그 구성원들이 사라지고 텅 빈 공간에서 우연히 만나게 되는 인물은 두려움의 대상이 된다. 밤은

낮의 질서를 신뢰할 수 없는 시간이기 때문이다. 수위는 어디서든 만날 수 있는 존재다. 도시의 많은 건물은 그곳을 관리하고 순찰하는 존재가 있다. 그리고 낮에는 너무도 평범한 인물이 한밤중에 건물을 배회하며 보여주는 사악함은 공포를 부르기에 지극히 효과적이다.

공포와 악은 등이 맞붙은 쌍둥이와 같다. 어느 하나와 조우하게 된다면, 필연적으로 다른 것도 불러오기 마련이다. 악이 두려움을 가져오는 이유는 질서와 안정으로 구축되어 있는 세상을 이해할 수 없는 공간으로 만들기 때문이다. 그리고 그와 같은 악이 평범한 모습으로 가장하고 도처에 숨어 있음을 깨닫는 순간, 인간은 세계를 신뢰할 수 없게 된다.[7]

〈화이트데이〉는 공포라는 즐거움을 충족해줄 뿐만 아니라, 신뢰할 수 없는 불안한 사회의 다른 얼굴을 괴담이라는 요소를 차용해서 보여준다. 그렇기에 지난날의 〈화이트데이〉를 잇고자 하는 손노리의 시도는 이제는 궤를 달리했으면 좋겠다는 바람을 가질 수밖에 없다. 2001년에 이 게임을 플레이했던 사람들이 다시금 〈화이트데이〉를 선택했다면, 그것은 연애 대상으로 공략할 여학생 때문은 아니었을 것이다. 지금 여기에서 공포를 불러일으키

---

7 지그문트 바우만, 위의 책, 95~116쪽.

는 존재와, 아직도 말할 수 없어서 봉합되어버린 불안은 무엇인지 고민이 필요한 시점이다.

# 비디오 게임은
# 어떤 놀이를 꿈꾸는가

나보라

2015년 보건복지부가 제작 배포한 한 공익광고가 사회적으로 커다란 논란을 일으킨다. 이른바 게임중독의 위험성을 경고하는 메시지를 담은 이 광고는, "게임BGM 소리가 환청처럼 들린다면, 사물이 게임 캐릭터처럼 보인 적이 있다면, 게임을 하지 못해 불안한 적이 있다면, 그리고 현실과 게임이 구분이 안 된다면" 게임 중독을 의심하라는 메시지를 전달했다. 이 광고가 나간 직후 인터넷과 게이머 커뮤니티는 광고의 메시지에 반대하는 여론으로 들끓었는데, 특히 문제로 지적된 부분은 현실과 게임을 구분하지 못

▶ 2015년 보건복지부가 제작·배포한 게임 중독 폐해 광고
(출처: http://news.joins.com/article/17165439)

한 청년이 지나가는 행인을 게임 캐릭터로 착각해서 때린다는 영
상이었다.

### 🎮 불량오락 vs. 유망산업

실재 여부가 의학적으로 밝혀지지 않은 게임 중독 문제에 대해
명백한 무리수를 둔 이 광고는 국내외에서 많은 비판을 받았고,
급기야 문화체육관광부까지 문제를 제기하고 나서면서 철회되
기에 이른다. 하지만 게임 중독을 질병으로 규정하려는 보건복
지부의 움직임은 계속되었는데, 2016년에는 게임을 포함한 인
터넷 중독에 대한 질병코드를 만들겠다는 방침을 발표하기도 했
다. 한편 게임에 대한 규제를 추진하는 부처는 보건복지부외에도
2011년에 강제셧다운제를 주관한 여성가족부와 2012년부터 선
택적 셧다운제를 주관하는 문화체육관광부가 있다.

이와 같은 일련의 규제 정책들이 보여주는 것은 오늘날 한국 사회의 게임에 대한 인식이다. 최악의 경우 그것은 마약과 같은 중독물질이며, 그렇지는 않더라도 최소한 청소년들에게 권장할 만한 놀이는 아닌 '불량오락'인 것이다.

하지만 게임이 늘 그렇게 인식되어왔던 것은 아니다. 1990년 대 말에서 2000년대 초중반까지만 해도 게임은 한국이 세계를 주도하는 거의 유일한 문화콘텐츠산업 분야로서 각광받은 바 있다. 당시 PC방에 모여 온라인 게임을 즐기는 게이머들이나 e-스포츠 경기를 보기 위해 광안리에 모여든 수만 명의 게임 팬들은 (현실과 게임을 혼동하는 게임중독자들이 아니라) 정보화 사회의 능동적인 신세대 문화 향유자들로 조망되곤 했다. "게임은 이제 젊은이들 사이에서 오프라인 스포츠의 자리를 넘보는 문화 코드"로서 "프로게이머들은 웬만한 연예인 못잖은 인기인"이며 "20~30대 직장인들이 집에서 게임방송을 시청"하고 있다고 전하는 당시의 신문기사에서는 게임에 몰두하고 열광하는 청년들에 대한 불안과 우려는 발견되지 않는다.[1] 오히려 프로야구와 같은 관록의 프로스포츠를 뛰어넘는 젊고 새로운 스포츠이자 문화로서의 기대감이 감지된다. 2005년 11월 국내 최초의 게임쇼《G

---

1 「대기업 'e스포츠 르네상스' 연다」, 〈한겨레〉, 2004년 9월 5일.

스타》를 방문한 장관들이 직접 게임을 하는 모습[2]을 보여주었던 것은 그러한 분위기를 잘 보여준다.

이러한 분위기가 반전된 계기는 바로 2006년의 '〈바다이야기〉 사태'였다. 1년여의 짧은 시간 동안 피고인들이 벌어들인 것으로 추정되는 불법 영역 수익이 1천억 원이 넘었다는 사실을 감안하면 당시 이 게임이 한국 사회에 미쳤을 어마어마한 파장을 가늠할 수 있다. 이 사태로 말미암아 게임산업과 문화의 '진흥'에 초점을 맞춰 새롭게 제정되었던 「게임산업진흥에 관한 법률」은 시행되기도 전에 '규제'의 축을 중심으로 개정되어야 했다.

'〈바다이야기〉 사태'로 반전된 분위기는 이전부터 조금씩 축적되어오던 게임에 대한 불안과 우려가 게임담론의 장에서 우세를 점하는 계기가 된다. 2005년 연천에서 발생했던 GP 총기난사 사건, 2007년 미국 버지니아공대에서 발생했던 조승희 사건 등 일련의 사건에서 범인의 게임 경력에 초점을 맞춘 보도들이 쏟아진 것도 그 연장선상에 놓여 있다. 결론적으로 이들 사건과 게임간 상관관계는 전무하거나 미미한 것으로 밝혀졌지만, 그럼에도 불구하고 게임에 대한 혐의는 결코 거두어지지 않았다. 지금까지도

---

2 「게임하는 정통부·문화부 장관」, 〈연합뉴스〉, 2005년 11월 10일. (출처:http://news.naver.com/main/read.nhn?mode=LSD&mid=sec&sid1=001&oid=001&aid=0001145193)

반사회적 사건이 발생하면 언론은 우선 용의자의 게임 경력부터 살피곤 하는데, 이는 게임 담론의 장에서 중독 등 게임에 대한 부정적인 담론이 헤게모니를 장악했음을 보여준다.

당연히 이와 같은 부정적 인식을 바탕으로 한 헤게모니는 관련 정책과 제도의 수립에 상당한 영향력을 미치게 된다. 그에 따라 업계는 적극적으로 대응하는데, 1990년대 중반의 만화 산업 규제에 따라 한국 만화가 자생력을 잃으면서 일본 만화로 국내 시장을 잠식당한 사례를 들면서 게임산업 규제에 대한 비판에 나서는가 하면, "게임을 중독물질로 내세우는 그들의 논리에 (중략) 우리도 이처럼 논리와 근거를 준비해 게임이 왜 미래의 핵심 산업이고 왜 좋은 것인지 알려야 할 것"이라며 담론 내 헤게모니 투쟁의 필요성을 제기하기도 했다.[3] 2016년 김병관 웹젠 대표의 국회 입성은 지난 몇 년간 시행되어온 일련의 규제 정책에 대한 업계의 불만과 우려가 반영된 결과라 할 수 있을 것이다. 실제로 김병관 의원은 당선 이후 국회에서 업계를 대변하는 목소리를 내면서 한껏 위축된 게임산업에 대한 규제 완화를 추진하고 있는데, 이른바 '4차산업혁명' 시대에 게임이야말로 국가 경쟁력을 높일 수 있

---

3 「게임 산업 위기보고서: 코너에 몰린 게임 산업, 부정적인 인식 개선 '시급'」, 〈게임동아〉, 2015년 2월 4일.

는 핵심 산업이라는 점은 중요한 근거로서 활용되고 있다.

결국 게임을 불량오락으로 규정함으로써 그에 대한 규제를 정당화하려는 움직임에 대항하는 담론은 유망산업론으로 수렴된다 하겠다. 오늘날 한국 사회에서 게임과 관련된 담론의 장은 이처럼 '불량오락'으로서의 게임과 '유망산업'으로서의 게임이라는 이분법적 양분 구도로 형성되어 있는 것이다.

### ◉ 불량오락은 유망산업의 꿈을 꾸는가

사실 이러한 이분법적 담론 양상이 형성된 것은 꽤 오래전부터다. 1970년대 말부터 1980년대 초는 〈스페이스 인베이더〉의 등장으로 전자오락실이 본격적으로 동네마다 들어서기 시작한 시기였는데, 이는 기성세대에게 있어 그리 달가운 상황이 아니었다. 당시 소비를 죄악시 하는 발전주의가 지배적 이데올로기였던 탓에 전자오락실이란 경제가 "산유국의 석유무기화 및 감산으로 심한 불황"을 맞고 있는 상황에 "내핍과 절약을 요구하는 우리 경제사정으로 비추어봐도 막대한 전력소모"일 뿐(「문제점 많은 전자오락실 청소년금지 팻말 무색」, 〈경향신문〉, 1980년 2월 2일, 5면)이었던 것이다.

실제로 한국 사회에 처음 등장할 때부터 전자오락실이 강력한 규제를 받은 것은 에너지 절약 시책 때문이었다. 전 세계적인 오일쇼크로 위기를 겪으면서 정부가 1973년과 1975년 두 번에 걸쳐 유기장遊技場 신규 허가를 전면 중지하였고, 이러한 기조가 1980년대 초반까지 이어지면서 전자오락실의 영업이 원천적으로 불가능해졌던 것이다. 즉 전자오락의 특정한 내용이나 속성이 문제가 되어 불법화된 것이 아니라, 에너지 절약 시책으로 인한 신규 유기장 영업허가가 전면 중지됨으로 인해 새롭게 들어선 전자오락실들이 전부 무허가 불법 공간이 되어버렸던 것이다.

〈스페이스 인베이더〉, 〈갤러그〉, 〈팩맨〉 등의 인기 게임으로 인해 전자오락에 대한 수요는 폭증했지만, 신규 허가가 전면 중지된 상황 탓에 전자오락실들은 단속을 피하기 위해 불법개조한 건물 뒷편이나 지하실 등 후미진 곳에 들어섰다. '전자오락실' 하면 떠오르는 먼지 자욱하고 어두컴컴한 실내 환경은 바로 그러한 사정에서 비롯된 셈이다.

결국 폭증하는 수요를 일방적으로 억압할 수 없었던 정부는 이미 어느 정도의 규모로 성장한 관련 산업과 기술력 등을 고려하여 마침내 1983년 전자오락실 양성화 정책을 천명한다. 전자오락실의 비위생적 환경 그리고 전자오락의 폭력성이라는 콘텐츠 상의 문제 개선에 초점을 맞춘 정부의 양성화 정책은, 그러나 전자오락 게임에 대한 몰이해로 인해 실패로 돌아간다. 이러한 실패는 주무 부처가 보건사회부였다는 점에서부터 사실상 예견된 것이기도 했다.

비록 전자오락은 정부의 야심 찬 양성화 정책에도 불구하고 '불량오락'의 굴레에서 벗어나는 데는 실패했지만, 그러한 정책이 아무런 의미가 없었던 것은 아니다. 예를 들어 정부의 양성화 정책의 한 축이었던 '건전 게임 프로그램의 개발' 방침은 〈바둑판 놀이〉, 〈공치기 놀이〉, 〈가장 빨리 학교로 가는 길 계산하기〉 등의 국산 게임의 개발로 이어졌는데, 비록 이러한 게임들이 이미 세련된 외국산 비디오 게임에 익숙해져 있는 게이머들을 전혀 매료시킬 수는 없었어도 그 안에 한국 사회로부터 승인받을 수 있는 전자오락의 놀이로서의 속성 또는 가치, 즉 '교육성'이 담겨 있었다는 점 – 비록 이 '교육성' 또한 놀이로서 전자오락이 지녀야 할 가치로서 다소 애매하긴 하지만 – 에서 주목할 필요가 있다. 1980년대 초반까지도 무허가 불법이라는 '장소성'에 모아졌던 전자오락에 대한 비판의 초점이, 폭력성이나 선정성 등 전자오락의 비교육적 '내용'으로 이동해간 변화가 반영된 결과이기 때문이다. 다시 말해 양성화 정책을 전후로 한국 사회에서 전자오락이 대중적인 오락형식으로서 추구할 만한 가치 또는 속성의 문제가 게임 담론의 장에서 부상하기 시작했던 것이다.

그러나 1980년대 중후반에 들어서면서 게임담론의 장에 미묘한 변화가 생기기 시작한다. 이 변화는 한국 내 아케이드뿐 아니라 PC플랫폼이나 콘솔플랫폼이 확산됨과 함께 당시 전 세계 게임산업을 주도하던 일본산 게임들이 대거 유입되면서 시

▶ 1989~90년대에 비디오 좀 본 어린이라면 기억할 이 영상. 호환마마보다 더 무서운, 바로 그것….

작된다. 아직 일본의 문화적 영향력에 대한 거부감이 해소되지 않은 상황에서 어린이들이 일본어나 사무라이 등 '왜색' 짙은 전자오락에 노출되는 것에 대한 우려가 커진 것이다. 그에 따라 이전까지 '(비)교육성'에 방점이 찍혀 있던 전자오락의 불량함의 핵심은 '왜색'으로 바뀌어간다. 간단히 말해서 '내용이 비교육적이기 때문에 전자오락은 불량한 것'이라는 논리가, 그것이 '일본산이기 때문에 나쁜 것'이라는 논리로 바뀌어갔다는 것이다.

게임담론의 장에서 유망산업론이 본격적으로 부상하는 것은 바로 이 지점에서다. 왜색 짙은 일본산 게임에 대항할 수 있는 국산 게임의 필요성 또는 한국 게임산업 육성의 필요성이 제기되기

때문이다. "최근 국산 전자게임 소프트웨어 제작붐"은 "외제가 국내 시장의 90% 이상을 점유하고 있는 현실을 더 이상 방치해서는 안 된다는 젊은 세대의 자각" 때문이라는 당시 국산 게임 개발사 팀장의 인터뷰(「전자오락 국산 새바람」, 〈한겨레〉, 1992년 7월 1일, 9면)는 이 시기에 전자오락의 국산화가 어떠한 의미를 지녔던 것인지를 단적으로 보여준다.

이처럼 외제, 특히 일본산 게임에 대항할 수 있는 국산 게임 육성의 필요성이 부각되면서, 폭력성이나 선정성 등 이전까지 게임과 관련하여 제기되었던 내용상의 (비)교육성 문제는 도외시되고 만다. 예컨대 당시 개발되었던 대다수의 국산 게임은 이전까지 "물체를 쏴 떨어뜨리는 것이나 도망가는 물체를 추격해서 부수는 등 폭력과 파괴를 줄거리"로 한다며 지탄을 받아온 슈팅 장르였는데, "외제가 국내 시장의 90% 이상을 점유하고 있는 현실"로 말미암아 별 다른 문제 제기 없이 시장에 유통되었다. 이는 한국 사회에서 게임이 그 존재의 정당성을 찾게 된 지점이 놀이로서의 가치가 아니라 산업적 가치였음을 보여준다. 놀이로서의 불량함이라는 문화적 측면에 대한 지적에 대해 '산업으로서의 유망함'이라는 다소 거리가 먼 대항 논리가 구축된 연유가 바로 여기에 있는 것이다.

## ◉ 불량오락과 유망산업 사이에서

한국의 게임담론 내 불량오락론과 유망산업론의 이분법이 극복되지 못한 채 지금까지도 유지되고 있다는 것은 결국 그 둘 사이에 어떤 접점을 찾을 수 없음을 의미한다. 사실 놀이(문화)와 산업이라는 서로 상이한 차원의 논리가 대립하고 있는 것이라는 점에서 이는 당연한 상황이기도 하다. 그렇다면 그 둘 사이에서 우리가 놓치고 있는 무언가가 있는 것은 아닐까.

"게임을 하느니 나가서 뛰어놀라는 부모들의 일상적인 잔소리"는 여기서 매우 중요한 단서를 제공한다. 왜냐하면 이는 게임이 '공부'의 반대말인 동시에 '건전한 놀이'의 반대말임을 의미하기 때문이다.[4] 즉 '불량오락 대 유망산업'이라는 담론상 이분법적 대항구도 속에서 우리가 놓쳤던 것은, 바로 불량오락의 반대항에 유망산업 대신 놓였어야 할 '건전오락'에 대한 논의였다.

앞서 살펴보았듯이, 한국 사회에서 게임의 불량함에 대한 논의는 등장 초기에서부터 꾸준히 이어져왔고 또 다양한 담론들이 형성되어 왔다. 처음에는 사행성, 그 다음에는 퇴폐와 낭비 풍조 조장, 그리고 나서는 폭력성과 선정성, 이어서 왜색, 그리고 최근에

---

4 윤태진·나보라, 「한국 디지털게임의 역사: 문화적 의미를 중심으로」, 『한국사회의 디지털 미디어와 문화』, 커뮤니케이션북스, 2011, 357쪽.

는 중독성 등 게임이 지닌 불량한 놀이적 속성들에 대해서는 지속적으로 문제제기가 되어왔던 것이다. 사실 이처럼 놀이로서 게임이 지닌 문제점들이 제기된 후에는 그것이 지향할 만한 방향 또는 가치 등에 대한 논의가 이어졌어야 한다. 하지만 한국 게임 담론의 장에서 그러한 논의는 거의 진행되지 않았다.

물론 그러한 시도가 전무했던 것은 아니다. 예컨대 기능성 게임론이 대표적으로, 서구의 '시리어스 게임Serious game'에서 유래한 기능성 게임은 게임적 요소를 충분히 포함하고 있으면서도 재미 요소 외에 특별한 목적을 갖는 게임으로서 정의된다.[5] 이와 같은 기능성 게임은 온라인 게임의 급속한 발전으로 인한 게임 중독 등의 부정적 인식을 불식할 수 있다는 점 그리고 게임의 기술과 표현방법의 장점을 최대로 활용할 수 있다는 점[6]에서 주목을 받았는데, 2000년대 중반을 전후로 본격적으로 활성화되었다.

하지만 기능성 게임 담론의 결정적인 문제점은 그러한 게임들이 수행하는 특정한 기능을 게임의 이른바 '순기능'으로서 규정한다는 점이다. 이러한 관점은 기능성 게임이 아닌 일반적인 게임들을 '역기능'의 의미항에 위치시킨다는 점에서 문제가 있다. 기

---

5 한국콘텐츠진흥원, 「게임백서 2008」, 한국콘텐츠진흥원, 2008.

6 윤형섭, 「기능성게임 분석 및 보완점 연구: "알렙" 게임을 중심으로」, 「한국컴퓨터학회논문지」, 제24권 제2호, 2011, 34쪽.

능성 게임에 대해서 박근서는 "(기능성 게임이라는 말)은 한편 기존의 게임이 그러한 기능이 없다거나 더 나아가 '역기능'적이었다는 이미지를 만든다 (중략) 이러한 인식은 놀랍게도 비디오 게임의 오락적 성격을 '역기능'의 중심으로 몰아가는 주술적 효과를 갖는다"고 지적한 바 있다.[7] 예를 들어 2009년 '기능성 게임 페스티벌'로 시작해서 2013년 '굿게임쇼'로 명칭을 변경한 경기도의 게임 페스티벌은 그와 같은 인식적 문제점을 고스란히 드러내고 있는데, 즉 '재미 그 자체'의 추구를 목표로 하는 일반 게임들이 아닌 특정한 효능을 지닌 기능성 게임이어야 좋은 게임(굿게임)이라는 인식이 반영되어 있기 때문이다.

그러나 게임은 명백히 놀이의 한 가지 형식이고, 놀이란 근본적으로 자발적인 행위로서 그 자체의 목적을 갖는 행위다.[8] 즉 다른 목적을 위한 수단적 행위가 아닌 것으로, 따라서 특정한 효용을 목적으로 수행되는 (기능성) 게임이 보다 좋은 가치를 지닌다는 관점은 게임의 놀이적 본질에 위배되는 것이라 할 수 있다. 그렇기 때문에 기능성 게임론이 게임의 궁극적인 지향점은 될 수 없는 것이다.

---

7 박근서, 「시리어스 게임의 정의와 의미에 관한 고찰」, 『게임산업저널』, 2009년 1호.

8 요한 하위징아, 『호모 루덴스』, 김윤수 옮김, 까치, 1993.

　잃어버린 게임의 놀이적 가치를 찾아서

한편 유독 한국에서만 게임을 불량한 저급오락으로 취급해왔던 것은 아니다. 게임산업을 주도하는 미국에서도 게임에 대한 부정적인 인식의 역사는 유구하고 또 여전하다. 예컨대 1970년대 중반에 이미 아케이드용 게임 〈데스 레이스Death Race〉를 둘러싼 폭력성 논란이 불거졌었고, 1990년대 초반에는 비디오 게임의 폭력성이 미성년자에게 미치는 영향에 관한 청문회가 열린 바 있다. 이러한 일화들은 미국 주류 사회에서 비디오 게임이 어떠한 존재로 인식되고 있는지를 잘 보여주는데, 특히 1999년 미국 사회를 경악시켰던 콜럼바인고등학교 총기난사 사건은 비디오 게임에 대한 불안과 우려를 증폭시킨 결정적인 사건이었다. 물론 근본적인 원인은 범인이었던 두 소년을 둘러싼 사회문화적 맥락이었지만 말이다.

하지만 미국의 경우 눈여겨볼 만한 지점은 불량한 오락으로서 게임을 매도하는 시선에 대응하여 놀이로서의 게임에 대한 논의를 이어가고 있다는 점이다. 특히 2000년대 후반 게임사 연구가 전환기를 맞이하면서 북미에서는 자신들의 게임 역사에 대한 성찰과 탐구가 활발하게 진행되고 있다. 아케이드와 콘솔, PC 플랫폼의 발생 과정이라든가 각 플랫폼을 중심으로 형성된 독특한 게이머 문화, 그리고 그러한 문화가 형성되는 데 영향을 미친 경제적, 사회적, 문화적 맥락 등 다양한 관점과 문제의식을 바탕으로 한 인문사회학적 연구들이 학계에서 생산되고 있는 것이다. 그리고 이러한 연구들의 성과가 축적되면서 게임의 사회문화적 의미와 가치 또한 제고되고 있다. 2011년 미국에서 표현 매체로서 비디오 게임의 정체성이 법적으로 인정받을 수 있었던 것도 결국 그러한 성과가 축적된 결과였을 터이다.

현재 한국에서는 10~65세 사이 국민의 게임 이용률은 70%에 육박하는 것으로 보고되고 있다.[9] 또한 게임은 한국인의 여가활동 가운데 TV시청(46.6%)과 인터넷 검색(14.4%) 다음으로 3위(4.9%)에 올라 있다.[10] 사실 TV의 게임 전용 채널과 전문 프로그램들, 온라인에 포진해 있는 게임 전문 매체들 그리고 유튜브 등 SNS 상의 게임 관련 활동 등을 감안하면 오늘날 게임의 대중적인 오락으로서의 영향력은 이러한 수치를 훨씬 상회할 것이다. 그러나 이처럼 높아진 위상 그리고 그에 맞춰 다양해진 소통 채널에도 불구하고 아직도 게임담론이 불량오락론과 유망산업론 바깥으로 확장되지 못한 채 빈곤하게 유지되고 있다는 점이야말로 한국 게임이 처한 문제 상황이 아닐까 싶다.

---

9 한국콘텐츠진흥원, 「2016 게임이용자 실태조사 보고서」, 한국콘텐츠진흥원, 2016.

10 문화체육관광부, 「2016 국민여가활동조사」, 문화체육관광부, 2016.

'전자오락'이라는 이름으로 한국 사회에 유입된 지도 벌써 40여 년이 지났고 이후 2000년을 전후로 주류 놀이문화로서 꾸준히 성장해왔음에도, 게임에 대한 사회적 인식이 좀처럼 바뀌지 않는 이유는 어쩌면 게임 그 자체가 아니라 그보다 상위 차원에 놓인 큰 범주에서 찾아야 하는 것인지도 모르겠다. 다시 말해 '놀이'를 대하는 한국 사회 특유의 인식 또는 태도 그 자체에서 관련 논의의 출발점을 찾아야 할 수도 있다는 것이다.

　예를 들어 1960년대 이래 한국 정부는 뒤처진 한국 사회의 빠른 경제발전을 위해 발전주의 이데올로기를 적극 활용했는데, 이것이 근대화와 산업화라는 변동 속에서 으레 생산 부문과 함께 성장하기 마련인 대중적 여가 오락 부문에 대한 억압으로 이어졌다는 점을 들 수 있다. 앞서 언급한 1970년대에 수차례 추진되었던 유기장 부문에 대한 전면적인 영업 중지 조치는 그와 같은 억압을 상징적으로 보여주는 사례라 할 수 있을 것이다.

　또한 그와 같은 일방적인 억압 정책이 가능할 수 있었던 것은, 한국 전쟁의 비극 속에서 최악의 궁핍을 경험했던 한국인들이 그러한 이데올로기를 스스로 체화하고 정부의 정책에 기꺼이 동조했기 때문일 것이다. 이러한 과정에서 생산의 반대항에 위치한 오락, 특히 상업적 대중오락이 그 놀이적 속성과 무관하게 일종의 사회악으로 자리 잡았던 것은 아닐까 하고 생각해본다. 오늘날 그토록 많은 사람들이 게임을 플레이하고 있으면서도 (어쩌면 바로 그렇기 때문에) 게임은 위험하고 불량하다는 인식을 청소년기에 전자오락을 즐겁게 플레이했던 바로 그 세대(81년생 마리오들)마저 가지고 있는 걸 보면, 우리 인식의 깊숙한 곳에 노는 것 자체를 죄악시하는 정서가 자리하고 있음이 틀림없어 보인다.

하지만 최근 한국 사회에서 지나친 노동 강도로 인한 여러 사회문제들이 야기되고 있고 그에 따른 삶의 질 저하 문제가 중요한 화두로 떠오르고 있는 현실을 보면, 이제는 더 이상 놀이에 대한 논의를 배제할 수 없게 된 시점에 이른 것으로 보인다. 그리고 그러한 한국 사회에서 현재 가장 대중적인 놀이로서 바로 게임이 자리하고 있는 것이다.

오늘날 게임에 대한 학문적 접근, 특히 인문학적 접근이 필요해지는 것은 바로 이 지점일 것이다. 인간 사회에 있어 놀이란 무엇이며, 그 가운데서 게임이란 어떠한 놀이인지, 그리하여 놀이로서 게임이 어떤 가치를 지향할 것인지의 문제가 인간성을 기반에 두고 오랜 세월 동안 다양한 논의를 주도해온 인문학적 탐구를 요청하기 때문이다.

# 완벽한 나의 도시

짠~
완벽하게
만들어진!
나의 도시입니다!

나는 놀이공원 확장팩으로 놀이공원을
중심으로 하는 도시를 만들었어!

오 멋져

나는 카지노를 많이 건설하고 밤에는 도시
전체가 번쩍거리는 유흥 도시를 만들었어.

나는 심시티로 작은 헬조선을 건설했음.
도시 전체가 지옥처럼 불타고 있지. ㅎ

........

가지각색 재미있는 심시티!

# 딸아, 미안하다!

# 현실 스펙은 넣어둬

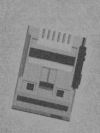

# 4장

# 게임은
# 다른 세계를
# 꿈꾼다

# 라그나로크 온라인

# 친구들도 추억도
# 가득했던 그때

오영욱

1990년대 말에서 2000년대 초 PC 패키지 게임 시장의 황금기였던 무렵에 〈악튜러스〉라는 게임이 있었다. 〈어스토니시아〉 시리즈를 시작으로 만드는 게임마다 히트를 친 손노리와 〈라스: 더 원더러〉 등의 게임을 통해 기술력을 보여준 그라비티의 합작이었는데, 손노리를 앞세운 마케팅 때문에 손노리의 개발 비중이 높다고 알려지는 해프닝도 있었다. 그러나 실제 게임 안에서는 손노리 특유의 유머 감각보다는 종말이 다가오는 세계를 표현하여 기대와는 달리 무거운 분위기가 더 강했다. 이는 손노리의 이전 작품들을 생각하고 구매한 게이머들에게 혼란을 안겨주기도 했다. 이후에 그라비티의 개발 비중에 대한 오해가 풀리기도 했고, 〈악튜러스〉의 메인 프로그래머이자 그라비티 대표이기도 했던 김학규 씨는 〈게임비평〉이란 잡지에 적극적으로 게임에 대한 이야기를 풀어놓기도 했다.

〈악튜러스〉는 PC 게임들이 2D에서 3D로 넘어가던 과도기에 캐릭터는 2D 도트로, 배경은 3D로 만들어져 당시에는 아기자기하면서도 인상적인 그래픽을 가지고 있었고, 일본에 수출되기도 했다. 다만 〈악튜러스〉를 제작한 게임 개발자들은 출시 후에 부족한 제작 기간으로 인한 게임 완성도에 대해 아쉬움을 표했다. 이후 그라비티는 〈악튜러스〉 개발에 사용된 엔진을 바탕으로 아쉬웠던 점을 보강하여 〈악튜러스 온라인〉이라는 온라인 턴제 전략 RPG 제작에 들어갔다. 하지만 〈악튜러스〉의 저작권을 가진 다른 업체의 반대로 〈악튜러스〉의 후속작으로는 게임을 출시할 수 없었다. 이후 턴제 전략 요소를 포기하고, 『어쩐지 좋은 일이 생길 것 같은 저녁』을 그린 인기 만화가 이명진 작가가 게임 개발에 직접 참여하면서 같은 작가의 만화인 『라그나로크』를 원작으로 온라인 게임을 제작하게 되었다.

## 🎮 그라비티의 자신작 〈라그나로크 온라인〉

〈라그나로크 온라인〉은 출시 전부터 주목을 받았다. 〈악튜러스〉 때보다 더 아름다워진 2D 도트 그래픽은 사람들의 마음을 사로잡았고, 잡지 광고에 실린 이명진 작가의 만화들은 게임의 분위기를 잘 드러내면서 코믹하기까지 했다. 지금이라면 비난받을 만한 소재도 있었지만 평범한 학생, 직장인이 친구들이나 직장동료들과 함께 유쾌하게 게임 안에서 모험을 즐기는 만화나, 그라비티의 김학규 대표를 비롯해 주요 개발자나 이명진 작가, 그리고 당시 가장 인기 있던 게임 기자인 정태룡 기자의 캐릭터가 직접 등장해서 망가지는 에피소드들은 광고를 넘어서 게이머들에게 기대를 심어주기에 충분했다.

몇 차례에 걸친 클로즈베타와 오픈베타는 게임에 대한 기대감을 한껏 높였다. 오픈베타 중에는 게이머들이 첫 번째로 만나는 가장 큰 마을인 '프론테라'에 '바포메트'와 '오크히어로' 등 개발자들이 보스 몬스터들을 풀어놓으며 축제를(몬스터가 나올 수가 없는 마을에서 레벨이 낮은 이용자들의 캐릭터가 죽어 나갔지만, 이것도 어떤 의미에서 축제일 것이다) 즐기기도 했다. 항상 사람들의 반발을 샀던 오픈베타에서 상용화로 넘어가는 과정에서는 3개월분을 예약하면 할인해주는 이벤트와 패키지를 준비했고, 온라인 게임 예

▶ 〈라그나로크 온라인〉 상용화 당시 광고 (《피씨 플레이어》
2002년 9월호)

약으로 패키지를 판매하는 마케팅을 성공적으로 해내기도 했다.

〈라그나로크 온라인〉은 개발자와 원작을 초반 마케팅에 잘 이
용하기도 했고, 오픈베타 기간 동안 개발자들이 이용자들과 소통
을 충분히 하기도 했다. 게임의 그래픽은 수려했고, 원작의 세계
관을 한껏 구현해낸 게임은 이후의 모습을 기대할 만큼 멋졌다.
성공하지 못할 이유를 찾아보기 어려울 정도였다.

그중에서도 가장 큰 성공 요인을 하나 꼽아보자면 이용자 간의

커뮤니케이션에 집중한 점일 것이다. 지금 생각해보면 있을 수 없는 일이고, 사라진 시스템이기도 하지만 〈라그나로크 온라인〉은 가입할 때 사용한 주민등록번호에 의해 캐릭터의 성별이 강제로 정해졌다. 주민등록번호로 이용자의 성별을 알아내는 것이 한국에서만 가능한 시스템이었기 때문에, 외국에 수출할 때는 해당 기능을 없앴다. 그러나 〈라그나로크 온라인〉 이후에 나온 수많은 게임이 이것을 벤치마킹하여 자신들의 시스템에 차용했다. 덤으로 성별에 따라 선택할 수 있는 직업들이 제한되기도 했다.

당시 개발자에 따르면 성별 강제 지정은 채팅 사이트였던 〈세이클럽〉의 아바타에 착안했다고 한다. 전투를 제외한 게임의 시스템들은 커뮤니티나 채팅 사이트에 많은 영향을 받기도 했다. 그 덕분에 많은 이용자가 시도 때도 없이 게임을 켜놓고 있었다. 전투보다 채팅이 더 재밌는 그런 게임이었다. 〈라그나로크 온라인〉에서는 게임 안의 필드 어디에나 이용자가 채팅방을 열어놓을 수 있었고, 프론테라 곳곳에서 채팅방을 말풍선 삼아 띄워놓고 들어오는 사람들과 채팅을 즐기기도 했다. 직업으로 상인을 선택한 이용자들은 채팅방에 좌판을 펼쳐놓고 아이템을 팔기도 했다. 마을 안이나 텔레포트 포인트 앞에 펼쳐져 있던 상점들 역시 〈라그나로크 온라인〉의 볼거리 중 하나였다.

▶ 프론테라 광장의 모습 ⓒ그라비티

　　한편 성인 서버와 전체이용가 서버를 분리했는데, 성인 이용자들은 사라 서버(성인 서버)에 자리를 잡아 플레이하기도 했다. 남성 아바타와 여성 아바타가 정해져 있었고, '노비스'로 시작하는 게임 캐릭터들은 '2차 전직'에서는 성별에 따라 직업이 갈리기도 했다. 다른 성별의 캐릭터를 고르기 위해서 가족의 주민등록번호를 도용하는 사람도 있었다. 인터넷 실명제가 실시된 이후에는 주민등록번호를 도용해 플레이를 하던 이용자들에게 사면의 기회를 주기도 했다. 이전까지는 온라인 게임이 남성들의 문화라는 인식이 있었고, 여성 게이머는 남성 게이머를 끌어모으기 위한 수단 정도로 인식했지만, 상당히 많은 여성 게이머들이 〈라그나로크 온라인〉을 즐겼다.

● '메신저 게임'의 원조, 서브컬처에 영향을 주며 전 세계로 뻗어 나가다

평소 게임을 즐기던 커플들이 〈라그나로크 온라인〉을 같이 시작한 케이스도 심심찮게 있었고, 게임 안에서 처음 만나 커플이 된 경우도 많았다. 반대로 게임을 하면서 헤어진 커플들도 많지 않았을까? 〈라그나로크 온라인〉에서 만나 결혼한 커플들은 처음에나 이슈가 되었지 나중에는 뉴스거리조차 되지 않을 정도였다.

〈라그나로크 온라인〉은 커뮤니티의 중심이 되기도 했다. 2000년대 초에는 인터넷 커뮤니티에서 '번개'(즉흥적인 만남을 뜻하는 것으로, '번개처럼 갑자기 만난다'는 조어인 번개팅을 줄여서 부르던 말이다)를 여는 게 일상적인 문화였고, 그것은 온라인 게임 길드도 마찬가지였다. 게임을 하다가 갑자기 술집에서 모이기도 하고, 게임 속보다도 술집에서 더 많은 시간을 보낸 길드도 존재할 것이다. 그곳에서는 사랑과 우정이 싹트거나, 때로는 다툼이 일어나기도 했다.

2004년에는 결혼 시스템과 함께 입양 시스템이 업데이트되면서 게임 안에서 유사 가족이 생겨났다. 20대의 성인이 학생에게 엄마라고 부르면서 실제로 만나서 노는 경우도 드물지 않았다. 이처럼 게임은 안 하고 창 모드로 게임을 띄워놓은 채 다른 일을 하며 채팅을 했기 때문에 게임을 메신저처럼 사용한다고 하여 '메

▶ 2004년에 업데이트된 결혼 시스템 공지 ⓒ그라비티

신저 게임'이라고 부르는 사람들도 있었다.

한편, 그 무렵 인터넷에서 유행하던 개인 음악방송 역시 게임 안에서 활발하게 이루어졌다. 개인들이 하는 음악방송과 함께 공략과 커뮤니티 중심의 인터넷 사이트들도 활발하게 운영되었고, 당시의 국민 음악 재생 프로그램이었던 '윈앰프'로 음악방송 주소를 공유하는 것이 일상이었다. 나중에는 게임개발사가 직접 라디오 방송국을 한시적으로 운영하며 사연을 받기도 했다.

사람들의 관계에 집중했던 〈라그나로크 온라인〉은 사람들의 삶으로 점점 파고들었다. 〈라그나로크 온라인〉에서 만난 친구가 현실 친구가 되고, 현실 친구들과 함께 〈라그나로크 온라인〉에서 사냥을 했으며, 게임 안에서 같은 길드로 활동하던 이와 결혼하기도 했다. 사람들과 함께한 경험들은 이용자들의 뇌리에 강하게 박혔다.

'코믹월드' 같은 만화 동인지 행사에서도 〈라그나로크 온라인〉

은 매우 인기 있는 소재였다. 자신들의 길드 이야기 혹은 〈라그나로크 온라인〉의 세계를 무대로 창작한 이야기들을 동인지로 만든 참가자들이 꽤 많았다. 그렇게 활동하던 많은 작가들은 이후 게임 업계나 만화업계로 투신하기도 했다. 상용화와 함께 팬들의 그림을 모은 아트북이 출시됐을 정도니 그 인기는 감히 상상조차 할 수 없다.

국내에서 큰 붐을 일으킨 〈라그나로크 온라인〉은 일본에서도 선풍적인 인기를 끌었다. 한국과 온라인 게임을 즐기는 문화는 좀 달랐지만, 역시 많은 사람이 일본의 '코믹마켓'에 〈라그나로크 온라인〉 동인지를 출품했고, 그렇게 얻은 충성스러운 이용자들은 게임의 인기를 더욱 더 부채질했다. 일본에서도 게임이 직접 제공하는 이야기보다는 게임을 무대로 사람들이 만든 이야기가 더욱 인기였다. 〈라그나로크 온라인〉의 인기는 심지어 동인 게임 등으로도 이어졌다. 플래시 애니메이션으로 시작된 〈라그나로크 배틀〉은 동인 게임 제작 서클인 '프랑스 빵'에 의해 〈라그나로크 배틀〉이란 액션 게임으로 출시되어 국내로 역수출되기도 했다. 그 외에도 제법 많은 동인 게임이 등장했고, PC 온라인 게임이 아닌 가정용 게임기나 휴대용 게임기로 〈라그나로크 온라인〉의 IP를 활용한 콘솔 게임이 나오기도 했다.

▶ 국내에 출시된 〈라그나로크 배틀〉의 쇼핑몰 패키지 사진

〈월드 오브 워크래프트〉가 등장하기 이전까지 〈라그나로크 온라인〉은 아시아에서 제작된 MMORPG 게임에 많은 영향을 끼쳤다. 〈마비노기〉에는 좌판 상점이 들어갔고, 〈메이플스토리〉 역시 처음에는 주민등록번호로 성별을 강제했다. 〈라그나로크 온라인 2〉 역시 〈라그나로크 온라인〉의 성공 요인을 커뮤니티로 보고 주민등록번호 성별 강제 시스템을 넣기도 했다.

한국뿐만 아니라 아시아의 창작자들에게도 강한 영향을 미쳤다. 일본의 서브컬처라 불리는 애니메이션, 라이트노벨 등은 TRPG들의 영향을 많이 받았는데, 게임을 소재로 하는 소설이나 애니메이션이 나오면서 자연스럽게 일본에서 히트 중인 〈라그나로크 온라인〉의 영향을 받은 창작자들이 다수 등장했다. 소설 후기에 〈라그나로크 온라인〉 등에 대한 경험을 직접적으로 이야기한 작가들도 적지 않았다. 〈라그나로크 온라인〉은 〈파이널 판타지 11〉과 함께 작가 후기나 소개에서 심심찮게 찾아볼 수 있는 게임이기도 했다.

〈라그나로크 온라인〉은 후속작의 흥행에는 실패했지만 많은 이들에게 추억을 만들어주었다. 또 이후 아시아의 온라인 게임들과 게임을 소재로 하는 애니메이션, 라이트노벨 등에 큰 영향을 끼쳤고, 지금까지도 계속 서비스를 이어나가고 있다. 〈라그나로크 온라인〉이 이전 같은 명성을 되찾을 수 있을지는 모르겠지만, 이 게임이 한국과 일본의 서브컬처에 끼친 영향은 말할 수 없을 만큼 크며, 그 씨앗들은 지금도 여러 미디어에서 싹을 틔우고 있다.

이제는 많은 사람의 추억으로 남았지만, 우리는 미드가르드를 모험하며 길드를 만들고 새로운 사람들과 사랑과 우정을 쌓았다. 〈라그나로크 온라인〉은 온라인에서 시작한 인연이 오프라인으로까지 이어지는 본격적인 MMORPG였다. 아마도 〈라그나로크 온라인〉의 가장 큰 콘텐츠는 게임 안과 밖에서 살아 숨 쉬고 있던 이용자들이 아니었을까.

**오영욱**

재믹스를 첫 콘솔로 시작해서 IBM-PC들로 유년기를 보낸 게이머이자 2006년부터 게임 개발을 해온 게임 개발자. 주 전공은 프로그래밍. 게임에 관해서는 장르와 분야를 가리지 않고 관심이 많으며, 각종 매체에 칼럼을 썼다. 여러 기술과 문화가 포함되어 있는 비디오 게임을 다양한 시각을 연결하는 것에 관심이 많다. 저서로 『한국 게임의 역사』(공저, 2012), 역서로 소셜게임 디자인의 법칙(공역, 2013)이 있다. 과거 한국 게임 관련 자료들을 수집해서 정리하는 것이 취미다.

# 플레이어와 함께 써 내려가는 대서사시

강신규

전 세계 250여 개국에서 계정 생성, 2010년 1,200만 명에 달하는 액티브 유료 이용자 보유, 누적 플레이어 수 1억 명 이상, '세계 게임 명예의 전당'에 최초로 선정된 여섯 작품 중 하나, 미국 컴퓨터 역사박물관이 선택한 '전 세계에 지대한 영향을 미친 소프트웨어' 7개 중 유일한 게임……. 모두 〈월드 오브 워크래프트 World of Warcraft, 이하 'WoW'〉가 세운 기록들이다. 모든 플레이어에게 사랑받는 게임이란 없겠지만, 〈WoW〉를 해본 대부분의 플레이어들에게 MMORPG는 〈WoW〉 이전과 이후로 나뉜다.

〈WoW〉 이후 출시된 MMORPG 중 〈WoW〉의 영향을 받지 않은 작품은 드물 것이다. 적어도 아직까지 〈WoW〉는 전 세계에서 가장 인기 있는 MMORPG이고, 앞으로도 〈WoW〉의 인기를 넘어서는 MMORPG는 나오기 쉽지 않을 듯하다.

한국에서는 2004년 11월 25일 오픈베타를, 2005년 1월 28일 정식 서비스를 시작했다. 내가 처음으로 〈WoW〉를 접한 것은 2005년 봄이었다. 그동안 다양한 장르의 게임을 해왔지만, MMORPG를 접해본 것은 처음이었다. 광활한 아제로스 대륙, 얼라이언스와 호드 진영의 대립, 다양한 종족과 직업, 강력한 몬스터 보스들과의 전투……. 모든 것이 새로우면서 매력적이었다. 플레이를 시작한 지 얼마 지나지 않아 나는 〈WoW〉에 깊이 빠져들었다. 게임 공간 안에 머무는 시간도 점차 늘어갔다. 100명이 넘는 인원으로 구성된 길드의 마스터가 되었고, 당시 서버에서 레이드 공략 진도가 가장 빠른 공격대의 사냥꾼장으로도 활동했다. 2년여 동안 〈WoW〉를 플레이한 시간은 무려 200일(4,800시간)에 달했다. 죽인 상대 진영 캐릭터만 해도 10만 명이 넘었다. 나는 자타가 공인하는 몬스터 사냥꾼이자, 플레이어 킬러였다.

▶ 오리지널 당시 필자의 캐릭터. ©블리자드 엔터테인먼트

## ◉ 전설의 이유

영화를 보는 듯한 웅장한 스토리, 매력적인 진영 간 대립 구도, 꾸준한 패치와 확장팩 출시를 통한 관리, (특히 한국의 경우) 높은 현지화 완성도 등 ⟨WoW⟩가 인기를 끌었던 수많은 이유가 존재하겠지만, 내가 다른 무엇보다 주목하는 것은 차별화된 내러티브다. ⟨WoW⟩에서 플레이어들이 즐길 수 있는 콘텐츠는 크게 전투적인 것과 비전투적인 것으로 구분된다. 전투 관련 콘텐츠는 PvPPlayer vs. Player와 PvEPlayer vs. Environment로 다시 나눠 살펴볼 수 있다. PvP는 진영끼리 대립하는 어느 지역에서든 이뤄질 수 있으나, 대개 레벨이나 인원수 차이로 인해 활성화되기 어렵다는 단점

이 있다. 이를 보완하기 위해 전장이나 투기장이 존재한다. 사전에 준비를 마친 소수 혹은 다수의 플레이어가 전투를 위해 마련된 지역에서 특정 목표를 수행해가며 서로 죽고 죽이는 방식이다.

〈WoW〉에서 특히 더 주목받았던 것은 PvE다. PvE 역시 5인 파티로 구성되는 던전 시스템과 10인 이상의 레이드 던전 및 필드 레이드 시스템으로 구분되는데, 〈WoW〉의 꽃으로 자주 언급되는 것은 아무래도 레이드 던전 시스템이다. MMORPG에서 레이드는 공격·방어 등의 능력치가 높은 레벨의 몬스터를 잡거나 특정 목적을 이루는 대규모 사냥을 일컫는다. 최고 난도의 보스들이 플레이어들과 맞서고, 보스들을 물리쳤을 때 그에 상응하는 아이템이 플레이어들에게 보상으로 주어진다.

최강 보스를 물리치고 얻은 전리품은 다른 플레이어들의 부러움을 사기에 충분하다. 레이드에 참여하는 인원들을 공격대라 하는데, 〈WoW〉에 새로운 레이드 보스가 등장하면 그 공략에 참여하는 전 세계 공격대들의 공략 순위 정보가 실시간으로 관련 커뮤니티에 올라올 정도로 레이드와 공격대에 대한 플레이어들의 관심이 높다.

하지만 준비가 돼 있지 않은 플레이어들이 고난도의 레이드 던전을 정복하는 것은 어렵다. 게임 디자인 측면에서도 가장 많은 자본과 인력이 투입되는 게임 장르인 MMORPG에서 누구나 쉽게 최강의 레이드 보스를 쓰러뜨리면 수지가 맞지 않게 된다. 심리학자 미하이 칙센트미하이Mihaly Csikszentmihalyi는 플로우flow 이론에서 몰입을 위해 적절한 난이도와 그에 상응하는 스킬이 조화를 이뤄야 한다고 말한다. 하지만 레이드 콘텐츠가 나온 지 얼마 안돼서 대부분의 플레이어들에 의해 소모된다고 하면, 다시 말해 플레이어들의 스킬이 보스 공략 난도를 크게 넘어서면 플레이어들은 더 이상 게임에 재미를 느끼지 못하게 될 수밖에 없다. 그리고 당연히 게임에 대한 플레이어들의 관심과 애정도 식을 것이다. 따라서 레이드 보스 공략은 상급 장비와 높은 숙련도를 동시에 요구하는 방식으로 디자인된다.

레이드 보스가 패치나 확장팩을 통해 처음 등장했을 때, 플레이어들이 그것에 바로 도전하기는 쉽지 않다. 난이도와 그에 상응하는 스킬의 차이가 크다는 것이다. 그 간극을 좁히기 위해 게임은 일정의 파밍farming을 요구한다. 파밍이 언제나 의미 없는 사냥을 통한 재화 및 아이템 습득, 속된 말로 '노가다'를 의미하는 것은 아니다. 파밍은 (꼭 레이드 보스 공략을 위해서가 아니더라도) 특정 목표를 위해 퀘스트나 몬스터 사냥, 던전이나 하위 레이드 던전 공략을 반복하는 것과 관련된다. 그 과정에서 자연스럽게 상위

레이드에 도전할 수 있을 만큼의 장비와 숙련도가 습득된다.

일반적인 RPG에서 캐릭터를 강하게 만드는 대표적인 두 요소는 레벨업과 아이템 습득이다. 하지만 〈WoW〉의 경우, 대부분의 콘텐츠가 최고 레벨을 달성해야만 참여 가능하기 때문에, 레벨업이 다른 RPG들에 비해 큰 영향을 미치지 않는다. 말 그대로 '만렙부터 시작'인 셈이다. 따라서 〈WoW〉에서 파밍이 갖는 의미는 매우 클 수밖에 없다. 같은 만렙이라 해도 파밍에 따라 동일 레벨이라 보기 어려운 차이가 생긴다.

하지만 파밍이 너무 어렵거나 플레이어를 지치게 만드는 것이어서는 곤란하다. 그래서 파밍을 얼마나 지겹지 않게 만드느냐가 게임 플레이를 지속시키는 키워드가 되기도 한다. 물론 파밍의 전제는 반복되는 행위 속에서도 캐릭터를 성장시키는 것이다. 이는 게임의 나선형 내러티브를 만든다.

'나선형'은 문화인류학자 클로드 레비 스트로스Claude Levi-Strauss가 저서 『신화학Mythologiques』(1964~1971)에서 사용한 표현으로, 여러 번 같은 지점으로 돌아와 대상의 새로움을 발견하려는 자신의 연구방법론을 설명하기 위한 것이다. 즉, 게임의 나선형 내러티브는 플레이어가 유사한 행위를 반복하지만 그 과정과 결과가 매번 달라지고, 이전에는 알지 못했거나 가지지 못했던 경

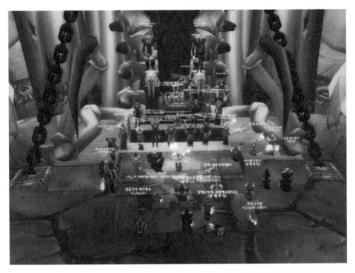

▶ 필자는 오리지널 낙스라마스를 국내에서 11번째로 정복한 공격대의 일원이었다. 사진은 켈투자드 다운 후 공격대 전원이 기념으로 함께 찍은 것이다. ⓒ블리자드 엔터테인먼트

험을 얻음을 의미한다.

반복을 통해 얻은 경험치와 아이템만큼 캐릭터를 강하게 만듦과 동시에 플레이어 또한 능숙해진다. 같은 것처럼 보이지만 사실은 달라지는, 그래서 제자리를 맴돌지 않고 조금씩 앞으로 나아가는 내러티브는 파밍을 통해 플레이어가 게임 속에서 경험하고 만들어가는 것이기도 하다. 그렇게 성장한 캐릭터와 플레이어가 동료들과 힘을 합쳐 최강의 레이드 보스를 처음으로 무찔렀을 때, 그 희열은 말로 설명하기 어렵다.

## ◉ 하지만 여전히 현역일 수는 없다

〈WoW〉의 명성이 예전 같지는 않다. 온라인 게임의 전반적인 쇠퇴와 모바일 게임의 약진, 캐주얼 게임의 유행과 같은 외적 요인뿐 아니라, 2017년 현재 6회에 걸친 확장팩 출시로 인해 세계가 지나치게 방대해져 신규 이용자 유입이 쉽지 않고, 서버 및 진영 간의 심한 인구 격차 같은 내적 요인까지 더해져 이용자가 꾸준히 줄었다. 2010년 1,200만 명으로 정점을 찍었던 유료 이용자 수가 2015년 3분기에는 550만 명까지 떨어졌고, 2015년 4분기부터는 유료 이용자 수를 공개하지 않고 있다.

하지만 다른 무엇보다 오리지널, 그리고 확장팩 〈불타는 성전〉이나 〈리치왕의 분노〉 시절의 초기 이용자들도 나이를 먹고 있다. 나 역시 대학원을 졸업하고 취업을 한 이후, 더 이상 하드코어 플레이어로는 살 수 없게 되었다. 사회인으로서 내게 요구되는 책임은 늘어갔고, 바쁜 직장생활로 인해 게임에 투자하는 시간은 압도적으로 줄어들 수밖에 없었다. 퇴근 후 접속을 한다고는 해도, 다른 공간으로 이동하거나 아이템을 정리하는 것만으로도 한두 시간이 훌쩍 지나가버리는 〈WoW〉 속 세상에서 예전처럼 온전한 재미를 느끼는 데에는 한계가 있었다.

플레이 시간의 감소는 곧 게임에서의 영향력 감소를 의미했다.

대도시에서 나를 알아보는 플레이어 수가 눈에 띄게 줄어들기 시작했다. 길드 마스터 자리도 보다 효율적인 길드 관리를 위해 접속이 활발한 길드원에게 양도할 수밖에 없었다. 한때 서버를 주름잡던 플레이어였던 나는 그렇게 조금씩 평범한 플레이어가 되어갔다.

그러다 보니 어느 순간 〈WoW〉를 플레이하는 것이 내게는 스트레스받는 일이 되어 있었다. 게임 속 세상은 끊임없이 변화하고 있는데, 내게는 그러한 변화에 발맞출 환경이 조성되어 있지 않다는 의욕과 현실의 괴리가 나를 괴롭혔다. 게임에 접속하는 것은 과거의 영광을 마주함과 동시에 현재의 초라한 나를 마주하는 일이었다. 괴로웠다. 게임이 하나도 즐겁지 않았다. 〈WoW〉를 하는 것이 더 이상 즐거운 행위가 아님을 깨닫게 되자, 그것을 플레이할 이유 또한 찾을 수 없게 되었다. 그리고 자연스럽게 〈WoW〉에 접속하는 빈도가 줄어들었다. 대신 나는 좀 더 간단한, 다시 말해 많은 시간을 투자하지 않고도 쉽게 플레이할 수 있는 게임들에 몰두하게 되었다.

덴마크의 게임연구자 예스퍼 율Jesper Juul은 저서『캐주얼 게임 A Casual Revolution』(2010)에서 게임을 크게 하드코어hardcore 게임과 캐주얼casual 게임으로 분류한 바 있다. 마찬가지로 그는 플레이어도 하드코어 플레이어와 캐주얼 플레이어로 구분한다. 전자가 게임을 플레이하는 데 많은 시간과 자원을 투자하며 어려운 게임을 즐기는 플레이어군群이라면, 후자는 게임을 플레이하는 데 짧은 시간과 적은 자원만을 투자하면서 비교적 쉬운 게임을 즐기는 플레이어군을 의미한다. 율에 따르면 하드코어 게임은 일반적으로 플레이어로 하여금 하드코어 플레이어가 되기를 요구한다. 이는 플레이어가 하드코어 게임 속에서 의미 있는 경험을 얻기 위해서는 수많은 시간을 투자해야 함을 의미한다.

반면 캐주얼 게임의 경우, 하드코어 게임에서와 다르게 플레이어는 캐주얼 플레이어가 될 수 있다. 하지만 중요한 것은 하드코어 플레이어 또한 될 수 있다는 사실이다. 이는 캐주얼 게임이 배우기는 쉽지만 정복하기는 어려운 특징 때문이다(심지어 정복 자체가 아예 불가능하게끔 설계된 게임들도 있다). 그런 의미에서 나는 하드코어 플레이어에서 캐주얼 플레이어로 변해갔다고 할 수 있다. 평일에는 회의를 하고, 논문을 써야 하며, 휴일이나 휴가 때 여행도 가야 하는 내가 다시 하드코어 플레이어로 돌아가게 될 가능성은 거의 없어 보였다.

● 그런 와중에 뜻밖의 재미가 찾아왔다

그러나 2012년에 출시된 확장팩 〈판다리아의 안개〉 이후 나는 다시 〈WoW〉로 복귀했다. 다시 하드코어 플레이어로 돌아갔냐고? 천만에. 확장팩 출시 이전과 이후의 내 생활에는 달라진 점이 없다. 변한 것은 〈WoW〉였다. PvP와 PvE로 요약되던 게임 플레이에 새로운 콘텐츠, 다시 말해 비전투적이면서 캐주얼적인 게임 요소들이 추가됐다. 대표적인 것이 애완동물 육성이다. 확장팩 이전에는 그저 관상용이었던 애완동물을 캐릭터와 마찬가지로 육성할 수 있게 되었다. 애완동물에게 독특한 기술과 공격법을 가르쳐주면, 이를 통해 다른 애완동물과의 결투에 임할 수 있게 되고, 승리를 반복하다 보면 애완동물도 경험치를 얻고 레벨이 올라가는 식이다. 애완동물 간 결투에는 건당 2~3분 정도의 시간밖에 소요되지 않는다.

〈팜빌FarmVille〉과 같은 소셜 네트워크 게임Social Network Game, SNG에서처럼 농작물을 재배할 수 있게 된 것도 큰 변화였다. 논밭을 갈고 씨를 뿌리고 물을 주면, 다음 날 다 자란 농작물을 수확할 수 있다. 이 농작물은 요리 등의 전문 기술 재료로 쓰인다. 한편, 퀘스트에도 자기 내면의 목소리에 귀를 기울이거나 동물에게 먹이를 주는 등 비전투적 요소들이 상당 부분 포함되었다. 한 판다렌

NPC의 말처럼 "싸우지 않고도 그들과 가까워질 수 있는 방법"이 얼마든지 있는 것이다. 이러한 플레이 메커니즘의 캐주얼화는 확장팩이 조화와 균형을 중요한 가치로 여기고, 요리와 미식을 즐기며, 느긋한 성격에 유머까지 갖춘 판다렌을 신규 종족으로 내세우고 있다는 점과도 일맥상통했다.

이러한 캐주얼 요소는 이후 확장팩을 통해 꾸준히 늘어가고 있다. 물론 이러한 캐주얼적인 부분만을 플레이하고자 〈WoW〉에 접속하기는 어렵다. 캐주얼적 요소가 플레이 패턴에 크고 작은 변화를 주고 중간중간 비는 플레이어의 시간을 메움으로써 오히려 〈WoW〉를 더 하드코어한 게임으로 만들었다는 비판도 제기될 수 있다. 하지만 분명한 것은 게임 안에서 플레이어가 할 수 있는 일들이 매우 많아졌다는 사실이다. 초기 〈WoW〉에서 플레이어가 몬스터 사냥꾼이 되거나 플레이어 킬러가 되는 것(혹은 둘 다)만을 강요받았다면, 이제는 보다 다양한 목표(이를테면 애완동물 육성의 달인, 전문 농사꾼 등)를 제시하는 방향으로 〈WoW〉의 플레이 메커니즘이 변화하고 있다.

이와 같이 캐주얼적 요소의 도입을 통해 다양화 또는 분산화된 목표들이 기존 하드코어 게임류의 고전적인 목표들을 완전히 대체할 수 있을 거라 보기는 좀 어렵다. 대신, 넓은 범위의 새로운 플레이 경험을 제공할 수는 있을 것이다. 이러한 상황은 보다 많은 플레이어에게 도달할 수 있는 하나의 전략을 보여준다. 이제 플레이어들은 게임에서 자신이 원하는 종류의 참여 방식을 직접 선택할 수 있게 되었다. 하드코어 게임이 유연해지고 있으며, 빠른 속도로 더 많은 플레이어를 위한 게임이 되어가고 있다.

## ● 추억으로의 소환

2016년 확장팩 〈군단〉이 출시된 이후 게임 속 작은 이벤트 하나가 전 세계 플레이어들을 술렁이게 했다. 공식적으로 발표된 적 없는 이 이벤트가 시작된 것은 한 커뮤니티에 올라온 사진 한 장 때문이었다. 사진에는 게임 속에서 찾아낸 어느 책의 찢어진 페이지가 등장하고, 거기에는 '…바다와 정신과 자신…'이라는 뜻 모를 문장 한 줄만이 적혀 있었다. 플레이어들 사이에 온갖 추측이 난무하는 가운데, 한 플레이어가 〈WoW〉의 세계관을 설명하기 위한 공식 설정도에 '바다water'와 '정신spirit'이라는 단어가 등장하며, 그 가운데 '자신'에 해당하는 '에메랄드의 꿈'이 위치한다는 분석을 제시했다.

플레이어들은 반신반의하면서 사실을 확인하기 위해 아제로스 대륙을 수색한다. 처음 수색한 곳은 에메랄드의 꿈과 연결된 '황

혼의 숲'이었고, 숲을 뒤지던 플레이어들은 두 번째 페이지를 발견한다. 이에 플레이어들은 찢어진 페이지 속 문장들이 특정 지역을 암시하며, 다른 페이지들도 아제로스 곳곳에 숨겨져 있을 것이라는 결론에 도달한다. 하지만 적은 인원만으로 광활한 아제로스를 모두 뒤질 수는 없었으므로, 커뮤니티나 게임상에서 도움을 요청해 수백 명에 달하는 플레이어가 모이게 된다.

그렇게 모인 플레이어들은 아제로스 구석구석을 날아다니며 이미 공략했던 수많은 지역과 던전들을 꼼꼼히 훑었고, 결국은 모든 페이지를 모은다. 마지막 페이지에 담긴 문구는 '…떠오르는 태양의 빛…'이었다. 이 문구가 나타내는 곳은 매년 1월 1일 많은 플레이어가 바닷가에서 떠오르는 해와 함께 새해를 맞이하는, 이른바 '와돈이'로 유명한 '서부몰락지대'였다. 서부몰락지대 해안가 한편에 난파된 배 안에서 플레이어들은 작은 상자를 발견했다. 상자를 열자 나온 아이템은 '수수께끼의 정신 지룡'이라는 탈것이었다.

그동안 디자이너가 꼭꼭 숨겨놓고 그 어떤 플레이어에게도 알리지 않았던 아이템을 플레이어들이 작은 단서로 시작해 힘을 모아 획득한 순간이었다. 이는 디자이너가 플레이어에게 단순히 하나의 희귀한 아이템을 주기 위해 마련한 이벤트는 아닐 것이다.

아마도 지금은 잘 찾지 않는 곳이지만 지난날 열심히 시간을 보냈던 추억을 회상하며 해당 장소를 찾았다가, 우연히 찢어진 책을 발견해 넓디넓은 대륙을 기꺼이 구석구석 누빌 플레이어들에게 주는 선물이 아니었을까. 이처럼 패치나 확장팩을 통해 게임의 내러티브가 늘 앞으로만 향하는 것은 아니다. 추억도 하나의 훌륭한 콘텐츠다. 그리고 그것은 잠깐 멈춰 과거를 돌아보고, 다시 앞으로 나아갈 수 있게 하는 촉매제가 된다.

## ◗ 우리가 〈WoW〉를 계속하는 이유

게임을 말하는 일이 쉽지 않은 이유는, 그것이 플레이어의 조작에 역동적으로 반응할 뿐 아니라, 반응의 결과로 모습을 바꾸기 때문이다. 게임은 사전에 모두 제작된 상태로 수용자에게 제공되는 다른 미디어 콘텐츠와는 달리, 플레이어가 그것에 참여하기 전까지는 불완전한 상태로 존재한다. 불완전한 콘텐츠로서의 게임은 계열체paradigm들의 묶음이며, 잠재태potentiality의 성격을 가진다. 여기에 플레이어가 참여해 그것을 플레이함으로써 게임은 완전한 상태가 된다. 완전한 상태의 게임은 계열체들이 플레이어에 의해 선택되고 실행된 하나의 통합체syntagm이자 현실태activity다.

그 과정과 결과가 플레이어에 따라 다르게 나타나고, 또 앞서 나선형의 내러티브에서 살펴봤듯 같은 플레이어가 플레이한다 해도 그것이 매번 다르게 변주되기에, 의미를 지닌 텍스트로서의 게임과 플레이 경험을 말하는 것이 어려울 수밖에 없다. 특히 〈WoW〉처럼 복잡하고 방대한 게임의 경우는, 그야말로 플레이어 수만큼의 경험이 존재하는 셈이다. 그런 와중에 특정 시기에 특정 서버에서 특정 길드나 공격대 활동을 함으로써 서로 다른 플레이어들 간의 플레이 경험이 맞부딪치고 사건이 만들어지는 것이다.

〈WoW〉10주년을 맞아 한 게임 웹진 겸 커뮤니티에서 와우저(와우 유저)의 추억을 공유하는 이벤트를 개최했다. 이벤트가 진행된 한 달 동안 780여 건에 달하는 글이 게시됐다. 남들이 하지 못했던 경험부터, 〈WoW〉의 세계로 자신을 이끌었던 친구나 선후배에 대한 원망과 감사, 게임에서 만난 플레이어들과 오프라인에서 인연을 맺게 된 이야기까지 '와저씨·와줌마'들의 추억담이 넘쳐났다.

그들에게 〈WoW〉는 일상에서 어떤 보상이나 결과를 얻기 위해 플레이하는 게임이 아니다. 누가 알아주기 때문에 플레이하는 것은 더더욱 아니다. 플레이는 오직 플레이 안에서만 의미를 갖는다. 그들은 〈WoW〉를 통해 웃고 울고 기뻐하고 감동했다. 그 시간에는 일상의 직접적인 욕구를 초월하면서 동시에 일상에 의미

| 번호 | | 제목 | 글쓴이 | 등록일 | 조회 | 추천 |
|---|---|---|---|---|---|---|
| 781 | | [기타] 가장 기억에 남는 공격대 던전 투표 이벤트 당첨... | Davi | 12-02 | 10453 | 2 |
| 780 | | [기타] WOW 10년의 추억 이벤트 당첨자 발표 | Davi | 12-02 | 9654 | 8 |
| 779 | | [에세이] 특별한 이유 없이도 계속 붙잡게 되는 게임... [17] | 군그니르 | 11-30 | 16880 | 9 |
| 778 | | [스크린샷] 추억의 순간들 [38] | 눈무섭다 | 11-30 | 39389 | 22 |
| 777 | | [스크린샷] 길드의 추억 : 2004년 11월을 기억하며... [16] | 낯선그리움 | 11-30 | 22092 | 41 |
| 776 | | [에세이] 꽁신 생활과 함께해온 대격변' 추억찾기 [32] | 고고마토템 | 11-30 | 13657 | 41 |
| 775 | | [스크린샷] 2005년의 새해. [12] | 하니에카로 | 11-30 | 12288 | 8 |
| 774 | | [에세이] 언니를 따라 시작하게 된 게임 [46] | 퐁퐁일 | 11-30 | 26413 | 38 |
| 773 | | [스크린샷] 10년의 추억 | 세계대전 | 11-30 | 7770 | 0 |
| 772 | | [스크린샷] 세나리우스 흑마법사 크롤로시아 연대기 -오 [11] | 별계신견덕호 | 11-30 | 6578 | 0 |
| 771 | | [스크린샷] 세나리우스 흑마법사 크롤로시아 연대기 -오 | 별계신견덕호 | 11-30 | 2900 | 0 |
| 770 | | [스크린샷] 세나리우스 흑마법사 크롤로시아 연대기 -오 | 별계신견덕호 | 11-30 | 4419 | 5 |
| 769 | | [카툰] 와우 처음했을 때부터~ [131] | Hagawa | 11-30 | 37229 | 161 |
| 768 | | [스크린샷] 처음 노스랜드 열리던 날. [2] | 엘리스80 | 11-30 | 8464 | 1 |
| 767 | | [스크린샷] 세나리우스 흑마법사 크롤로시아 연대기 -오 | 별계신견덕호 | 11-30 | 3851 | 6 |
| 766 | | [스크린샷] 초보공대장, 아제로스 생존기 [1] | 주연화 | 11-30 | 4501 | 0 |
| 765 | | [카툰] 꽝광 로젠 살인사건 [17] | Dakun | 11-30 | 12232 | 27 |
| 764 | | [스크린샷] 내 인생을 물들인 와우.. [5] | 후로게이마 | 11-30 | 11751 | 16 |
| 763 | | [스크린샷] 저도 뒤지다 나룬 스샷 하나 올려요-리분- | 참백 | 11-30 | 5403 | 0 |
| 762 | | [스크린샷] 단 1초만에 만렙이라니~ [4] | 야짤란치아 | 11-30 | 12881 | 0 |
| 761 | | [스크린샷] 언덕골과 찬다라마를 기억하겠습니다. [1] | 채란맛독약 | 11-30 | 3287 | 2 |
| 760 | | [스크린샷] 4 번서버 테레나스를 아시나요?.. [4] | 네일탕 | 11-30 | 5280 | 4 |
| 759 | | [에세이] 와우와 사계절. [3] | 아류제 | 11-30 | 4019 | 4 |
| 758 | | [기타] 말풍선이 최초로 생기던 날을 기억하는가... [8] | 바이커 | 11-30 | 11790 | 8 |
| 756 | | [스크린샷] 2005년 블군 뉴스공격대 전사로 배운 와우.. [1] | 일회일비 | 11-29 | 5920 | 0 |

▶ 〈WoW〉 10주년인 2014년 확장팩 〈드레노어의 전쟁군주〉 출시 당시, 와우 인벤에서는 지난 10년 간 와우저의 추억을 나눠보는 'WoW 10년의 추억 이벤트'를 진행했다. ⓒ와우 인벤

를 부여하는 어떤 것이 내재해 있다. 플레이어들에게 〈WoW〉는 일상 그 자체면서 그것을 넘어서는 것이다. 지금 〈WoW〉를 플레이하고 있든 그렇지 않든 간에 〈WoW〉를 거쳐 갔던 플레이어들에게 〈WoW〉는 늘 날것의 무언가로 다가온다. 그때, 우리는 그 안에서 꽃이었다.

# 게임을 위한
# 자원이 된 친구들

오영욱

2012년 한국에는 큰 변화가 있었다. 스마트폰이 보급되면서 사람들은 버스나 지하철에서 휴대폰을 보며 시간을 보내게 되었고, 2011년 말에 아이폰 앱스토어에 게임 카테고리가 열리면서 스마트폰으로도 게임을 할 수 있게 되었다. 그 전까지 게임은 주로 컴퓨터나 게임기로 하는 것이었는데, 지금은 대부분의 사람들이 스마트폰으로 게임을 한다. 다른 한 가지 변화는 통신사에서 제공하는 문자서비스(SMS) 대신 카카오톡이나 텔레그램 같은 인터넷 메신저를 사용하는 것이 당연해졌다는 것이다. 그런 시기에 가장

두드러진 것은 카카오톡과 연계하여 서비스를 시작한 〈애니팡〉
이 붐을 일으키며 시작된 스마트폰 게임 시장의 폭발적인 성장일
것이다.

### ● 〈애니팡〉, 모두가 공유한 경험이 되다

〈애니팡〉이 처음부터 모바일 게임이었던 것은 아니다. 이미 미국
의 페이스북이 인터넷 웹브라우저에서 자사의 서비스를 통해 게
임을 할 수 있게 했었고, 페이스북보다 먼저 존재했던 국내의 소
셜 네트워크 서비스인 싸이월드 역시 비슷한 시도를 했었다. 한
국에서 초기에 등장한 소셜 게임들은 싸이월드나 다음카페 등에
서 먼저 소셜 게임 시장을 키우려는 시도를 했었고, 선데이토즈의
〈애니팡〉 역시 그런 게임 중 하나였다. 하지만 기존 온라인 게임
중심의 게임 시장을 재편할 정도의 성과를 내지는 못했다.

그러나 카카오톡이 직접 서비스하는 카카오게임과 〈애니팡〉은
대한민국 게임판의 지형을 바꿔버렸다. 그 전까지 스마트폰 게임
시장은 별로 매력적이지 않은 규모의 시장이었다. 국내의 웹브라
우저 기반 소셜 게임들은 북미만큼 빠른 속도로 성장하지 못했다.
스마트폰의 모바일 게임 역시 사전 심의 때문에 게임 카테고리가
열리지 않는 등 게임 시장 성장의 발목을 잡는 요소들이 많았고,

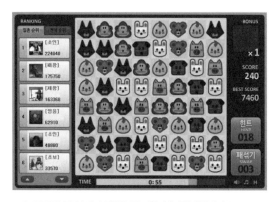

▶ 스마트폰에 서비스되기 이전의 PC 버전 〈애니팡〉 ©선데이토즈

이미 PC에서 큰 성과를 내고 있던 기존의 게임 개발사들이 도전할 가치를 느끼기엔 너무도 작은 규모였다.

카카오게임으로 출시된 〈애니팡〉은 간단한 게임이었다. 싸이월드에 올라갔던 버전에서 크게 바뀌지도 않았고, 이미 PC와 스마트폰에서 몇 차례 서비스를 하면서 안정된 게임성을 갖추고 있었다. 스마트폰으로 게임하는 것이 익숙하지 않은 사람들에게 어울리는 쉽고 간단한 게임이었다. 1분이라는 제한 시간과 점수 경쟁이 카카오톡이라는 플랫폼과 만난 결과는 놀라울 정도였다. 게임을 한 판 하려면 하트가 필요한데, 하트는 시간이 지나면 저절로 생기지만, 친구들에게 선물하거나 받는 것도 가능했다. 1주일마다 초기화되는 점수 경쟁판은 사람들의 경쟁의식을 자극했다.

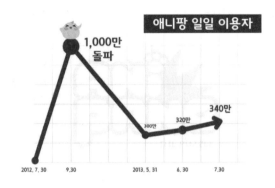

▶ 선데이토즈가 제공한 〈애니팡〉 일일 이용자 그래프 ⓒ선데이토즈

    게임 한 판을 하는 시간이 짧아서 부담도 없었고, 잊을 만하면 친구들이 하트를 보내거나, 점수를 넘어섰다고 메세지를 보내 게임을 생각나게 했다. 간단한 룰과 짧은 플레이 시간은 게임에 익숙하지 않은 나이가 있는 사람들도 어렵지 않게 게임에 빠져들게 했기 때문에, 남녀노소를 가리지도 않았다. 〈애니팡〉은 이러한 요소들 덕분에 사람들 사이에서 빠르게 퍼져나갔다. 그 결과, 〈애니팡〉은 한 달도 되지 않아 구글 플레이스토어에서 1위를 차지했고, 2달 만에 일일 이용자가 1,000만 명이 넘는 게임이 되었다.

    한편 게임을 하기 위해 하트가 필요하다는 설정과 메신저 서비스가 합쳐지자 개발자들도 예상하지 못한 일들이 생겨나기 시작했다. 더 많은 점수를 내기 위해 가족이 둘러앉아 작은 화면으로 게임을 하는 경우도 있었다. 시어머니가 자신의 친구들보다 높은 점수를 얻기 위해 며느리에게 도움을 요청했다는 이야기가 인터넷 커뮤니티에 올라오기도 했다. 직장인 커뮤니티에는 상사가 시도 때도 없이 하트를 요청하면 보내줘야 한다고 투덜대는 글들이 올라왔다. 새벽에 헤어진 연인이 문자를 보내서 확인해보니 하트 요청이었다는 웃지 못할 사연도 있었다.

〈애니팡〉 열풍은 사회 현상으로 나타났다. 인터넷 동영상 플랫폼에 〈하트가 부족해〉라는 노래를 만들어 올린 사람도 있고, 악동뮤지션은 〈애니팡〉에서 모티브를 얻어 노래를 만들기도 했다. 《무한도전》에서 지드래곤과 정형돈이 함께 만든 노래에도 〈애니팡〉이 등장한다. 이 정도면 2012년의 대한민국 사람들에겐 〈애니팡〉이라는 공통적인 경험이 생긴 게 아닐까.

〈애니팡〉의 빠른 성장은 국민 메신저인 카카오톡의 공이 컸다. 친구들에게 하트를 보내야 하는 것이 입소문의 효과를 냈고, 이것은 적은 마케팅 비용으로 게임을 알리는 데 큰 공헌을 했다. 게다가 당시 카카오게임 서비스가 초기 단계여서 게임의 종수가 적었던 것 역시 〈애니팡〉이 빠르게 퍼지는 데 도움이 되었다.

## ◉ 소셜 게임이 가지고 온 게임 초대 공해

〈애니팡〉을 하는 데는 '하트'가 필요했다. 1분에 하나의 하트가 필요한 셈이었다. 하트를 얻는 데는 세 가지 방법이 있었다. 돈을 주고 구매하거나, 8분에 1개씩 회복되기를 기다리던가, 친구에게 부탁하는 방법이 있었다. 기존 게임의 문법에서는 찾아보기 힘든 게임 디자인이었다. 기존의 게임에서는 플레이를 위한 기다림이 일반적이지 않았지만, 〈애니팡〉을 비롯한 소셜 게임들은 이용자의 시간 역시 자원으로 활용해 유료화하는 방식을 적극적으로 사용했다.

많은 사람이 기다리거나 비용을 지불하는 대신, 친구들에게 부탁해 하트를 얻는 방법을 선택했다. 게임 인터페이스도 그에 최대한 맞추어 하트를 보내기 쉽게 설계되어 있었다. 어떤 사람들은 새벽에도 게임을 하며 하트를 보냈다. 물론 이런 사람들의 비중이 크지는 않겠지만, 〈애니팡〉을 하는 사람이 너무 많았기에 그중 일부라 하더라도 적지 않은 수였다. 게임이 인기를 끌수록 자연스럽게 하트를 요청하는 메시지의 양도 늘어났다.

그러다 보니 '〈애니팡〉 공해'가 문제되기 시작했다. 카카오톡이 '하트'를 부탁하는 메시지로 가득 차게 된 것이다. 나중에 가서야 카카오게임에서도 과다한 초대를 막기 위해 제약을 걸었지만,

〈애니팡〉 등 초반에 카카오게임에서 서비스를 한 소셜 게임들은 이미 그 시스템을 통해 많은 사람들을 끌어들인 후였다.

소셜 게임의 이용자는 무료로 게임을 즐기는 대신, 자신의 시간 혹은 친구들을 자원으로 이용할 것을 요구받는다. '시간'과 '친구들'이 게임을 위한 새로운 자원이 되는 것이다. 말하자면 '친구를 팔아 게임을 하는 시대'가 되었다. 이것은 특히 대규모 마케팅으로 게임을 홍보하는 시대에 그런 방법을 사용할 수 없는 작은 게임 회사들에게 거의 유일한 마케팅 수단이 되고 있다.

이제는 메신저 초대에 대한 거부감과 제약이 심해지면서 게임들도 메신저를 이용한 홍보를 줄이고, 그 대신 트위터나 페이스북 타임라인에 자신의 게임을 노출시키는 방식을 활용하고 있다. 메신저와 크게 다르지는 않았다. 여전히 이용자의 친구들이 그들이 기대했던 친구들의 소식 대신 친구들이 하는 게임들의 소식을 보게 만든다. 게임 디자이너는 하트나 혹은 건물, 자원이 생산되는 시간을 설정해 이용자가 자신의 타임라인에 게임 소식을 올리도록 만든다. 돈을 내고 시간을 단축시키던가, 혹은 너를 광고판으로 삼아 너의 친구들에게 우리 게임을 광고하겠다는 의도다.

▶ 선데이토즈에서 제공한 카카오 포스팅 팝업창 스크린샷 ⓒ선데이토즈

홍보를 위해 게임의 흐름을 의도적으로 끊도록 게임을 디자인하는 방식은 달갑지 않은 방향이지만, 게임을 홍보하는 데는 효과적이라는 것이 증명되었다. 사람이 많아질수록 게임의 매출도 늘어난다. 처음엔 소셜 게임에서만 흔히 찾아볼 수 있던 디자인들이 점차 거치형 게임기나 온라인 게임에도 적용되어 가고 있다. 게임 디자이너들은 이러한 행동들을 공유하는 사람도, 보는 사람들도 즐겁게 만들 방법에 대해 끊임없이 고민하고 시도하고 있다. 이용자들은 앞으로도 무의식적으로 좋은 보상을 얻기 위해 계속 자신의 타임라인을 광고로 채워 친구들에게 보여줄 것이다.

게임의 시간과 현실의 시간, 그리고 게임의 타임라인이 현실의 타임라인과 섞여갈수록 게임이 사람의 현실 위에 올라설 가능성이 높아진다. 본인이 적당한 기준을 잡는 데 실패한다면 삶의 우선순위를 잃을지도 모른다.

게임을 하면서 게임이 당신에게 공유하도록 시킬 때, 한번쯤

고민해보면 어떨까. 자신이 이 보상을 얻고 광고판이 될 만한 가치가 있는가. 세상에 공짜는 없고, 친구들의 시간 역시 중요한 자원 아닐까. 물론 다 같이 게임을 하는 것은 정말 즐겁고 어디서나 할 수 없는 소중한 경험이다. 뒤늦게 혼자서 하는 것과는 전혀 다르다. 따라서 자신의 주변에 게임을 선전하고 보상을 얻는 것은 꿩 먹고 알 먹는 것일 수도 있겠다. 하지만 그게 아니라면 한번 고민했으면 한다. 이 게임에서 제시하는 보상이 나와 내 친구들을 자원으로 소비시킬 가치가 있는 것인지 우리는 가려낼 수 있어야 한다.

결국 소셜 게임들은 친구들을 자원으로 활용한 게임 디자인을 보여주었을 뿐이다. 그 게임들이 소셜 네트워크 서비스라는 플랫폼 위에서 동작했지만, 과연 친구들에게 우정을 제공했을까? 초기에 등장한 농장형 소셜 게임들은 사용자에게 친구의 밭에 가서 작물들을 훔치는 경험을 제공했다. 그러나 우정보다는 '우정 파괴'에 가까웠기에 이용자들로부터 부정적인 피드백이 돌아왔고, 이후 손해보다는 이득을 강화하는 방식으로 개선되어 갔다.

소셜 게임은 가볍게 친구들과 함께 게임을 할 수 있다는 긍정적인 경험이 보여줬다. 그러나 게임 디자인 면에서는 친구들을 자원으로 활용하는 것에만 치중하고 있어 그 한계를 여전히 보여주

고 있다. '소셜'이라는 단어가 들어간 게임답게 언젠가 소셜 게임
이 사람과 사람 사이를 더욱 돈독하게 만들어줄 수 있는 경험을
제공해줄 날을 기대해본다.

### 댓 드래곤, 캔서

# 타인의 고통에
# 연루된 게이머들

오영진

〈댓 드래곤, 캔서That Dragon, Cancer〉(2016)라는 매우 사적인 컴퓨터 게임이 있다.[1] 이 게임은 게임 개발자 라이언 그린이 암에 걸린 자신의 아들의 투병 과정을 소재로 만든 게임이다. 보통의 미션 수행 과정이나 퍼즐, 목표가 이 게임에는 없다. 다만 게이머는 아픈 조엘을 달래주고, 부모의 고통에 공감해주는 역할을 할 수 있다.

---

1 라이언 그린은 아들 조엘 그린이 4살 때 처음 게임으로 만들려고 구상하였다고 한다. 그들은 조엘이 기껏해야 4개월이라던 의사의 선고보다 훨씬 길게 살아가고 있음에 감사했다. 라이언 그린은 불가항력 앞에 기도밖에 할 수 없었던 자신과 이에 응답한 하나님이 있다고 생각하고 이를 은혜라고 생각했다. 이 경험을 게임에 담고자 했다. Ouya의 투자를 약속받았고 공개펀딩에 나섰다. 이후 3,700명의 킥스타터로부터 빅 10민 딜리를 조달할 수 있었다.

Oh God, I do not want a replacement baby.

▶ 〈댓 드래곤, 캔서〉(2016)를 플레이하고 있는 게이머의 초상 ⓒNuminous Games(게임개발사),
ⓒAnima GAMING(유튜버)

즉 조엘을 살려낼 수는 없지만 토닥일 수는 있다. 상호작용을 극대화한 컴퓨터 게임이라면 살려내는 일까지(혹은 그 반대의 일) 가능해야 하지 않겠나 생각할 수 있겠지만, 이 게임이 디자인한 상호작용은 위로할 수 있는 자유다.

이렇게 자유가 제한된 이유는 실제 모델인 조엘이 게임 제작 과정에서 사망했기 때문이기도 하고, 게임으로 구현된 거짓 희망보다는 그 이상의 경험을 게이머와 공유하고 싶다는 제작자의 의도가 담겨 있다. 상호작용 디자인은 창작자의 의도가 없는 디자인이 아니라 의도가 최소로 반영된 디자인이다.

### 🎮 새로운 공감 장치의 발명

이 작품은 만질 수 있는 소설, 만질 수 있는 영화, 만질 수 있는 사진이 된다. 넘겨짚거나, 보는 자의 입장으로 과도하게 동일화하는 공감이 아닌, 대상의 고통이 그대로 전이되어 오는 공감을 이 게임은 지향하고 있다. 애끓는 아픔, 스플랑크니조마이$^{splanchnizomai}$[2]의 예술이라고 말할 수 있다. 이 게임은 그저 토닥일 수밖에 없는 게이머를 끝까지 밀어붙인다. 게이머는 결국 이 어찌할 수 없는 비극 앞에서 기도하게 된다.

챕터 7 〈Sorry Guys, It's not…(죄송하지만, 더 이상은…)〉에서 라이언은 병원에서 더 이상 조엘을 치료하는 것이 어렵다는 말을 듣고는 치료를 중단하는 결정을 내린다. 이때 그는 마치 물속에 빠져 죽는 듯한 기분을 느끼게 되는데, 게임은 이것을 의사와 부모가 모인 방 안에 물이 가득 차 들어가는 장면으로 표현했다.

이후 라이언 그린은 챕터 10 〈Drowning(가라앉은 자)〉에서 바닷속에서 차라리 익사하는 것을 선택하는 모습으로 등장한다. 그녀의 아내, 에이미 그린이 제발 보트에 타라고 애원하지만 라이언은 거부한다. 게이머는 바닷속에 잠긴 그를 터치해 수면 밖으로 나가도록 도울 수 있다. 많은 게이머들이 마우스를 이용해 그를

---

2 창자가 끊어질 정도로 마음이 아프다는 의미의 헬라어.

▶ 〈댓 드래곤, 캔서〉(2016) 챕터 10 〈Drowning〉의 첫 장면. ⓒNuminous Games(게임개발사), ⓒAnima GAMING(유튜버)

밀어내보지만 그는 조금 올라가다가 이내 포기하고 다시 익사하
길 원한다.

　이 방식으로는 스테이지가 결코 끝나지 않는다. 이 스테이지
를 넘길 수 있는 유일한 방법은 그가 원하는 방향으로 가도록 내
버려두는 일이다. 그는 심해로 내려간다. 그곳에는 예상과는 달
리 환한 빛이 보인다. 줄리아 크리스테바는 멜랑꼴리적 주체의 가
능성을 논하며 이 힘을 '검은 태양'이라고 불렀다. 조엘에게는 '환
한 심해'가 있었다. 이 상징적 자살을 관통해야만 라이언은 현실
을 받아들일 수 있다. 섣부른 동정이나 삶에 대한 독려보다는 대
상이 스스로 자신의 고통 속으로 침잠해 들어가도록 놔두는 일이

이 스테이지의 윤리다.

결국 우리는 타자의 고통에 대해 완벽히 알 수 없다. 그리고 어쩌면 그의 고통을 그대로 응시하는 일만이 우리가 할 수 있는 유일한 일일지도 모른다. 미션도 없고, 강제된 규칙도 없지만 동시에 아무것도 할 수 없다는 무력감을 게이머는 느낀다. 다시 말해 게이머는 마음대로 조종할 수 있지만, 고통의 대상자인 조엘과 라이언은 마음대로 할 수가 없다.

조엘이 떠나고 난 이후의 환상을 다룬 챕터 12 〈Peace, Be Still (조용히, 마음을 진정시켜요)〉에서 게이머는 조엘이 평소에 놀던 장난감 상자를 만져볼 수 있고, 그의 작은 침대에 들어가볼 수도 있다. 게이머는 그가 남긴 공간을 위로로 만지는 것이다. 이 게임에서는 타자의 고통을 기록하거나 말하는 방식이 아니라 같이 만지는 방식으로 보여주고 있다. 그저 그의 빈자리를 그 자리에 앉아 느끼는 것만이 우리가 할 수 있는 유일한 애도의 방식인 것이다.

수전 손택은 『타인의 고통』(수전 손택 지음, 이재원 옮김, 이후, 2004)을 통해서 사진이 공감 장치로서 타인의 고통을 알게 해주었는지, 혹은 오히려 외면하게 만들었는지를 논의했다. 사진은 그 생생한 이미지로 인해 어느 매체보다 공감 장치로서 유효한 기능을 가진 듯 보이지만, 그 자체가 공감을 도덕으로 귀결시키진 못

▶ 〈Auti-Sim〉(2013), 이 게임은 자폐아의 시선으로 세상을 보는 일에 대해 시뮬레이션한 게임이다. 자폐아는 세상을 이렇게 거친 입자와 사나운 사운드로 인식한다. 게이머는 자폐아의 입장에서 세상을 보는 일이 얼마나 힘든 일인지 깨닫게 된다. ⓒTaylan Kay

했다.

수전 손택은 우리가 전쟁 사진을 통해 느끼는 것은 결국 공감의 한계라고 말한다. 죽은 자들이 어떤 일을 겪었는지 우리는 알수 없다. 아니 상상할 수조차 없다. 그들은 우리에게 아무런 관심이 없으며 우리의 응시를 원하지도 않는다. 그들이 우리에게 무슨 말을 할 것이라고 우리는 기대할 수 있을까? 수전 손택은 오히려 우리의 공감은 그들이 받고 있는 고통의 원인이 우리에게 있지 않다는 것을, 그들의 고통에 대해 우리는 죄가 없고 무력하다는 것을 전제한다고 역설한다.

이와 비교해 라이언 그린의 게임을 플레이하는 우리는, 그 무력함이 죄의식으로 바뀌는 기묘한 동력이 게임 속에 작동하고 있음을 논해야겠다. 제 아무리 생생한 이미지보다 상호작용이 가능한 버튼을 누르는 편이 더 연루되기 쉽기 때문이라고 생각한다. 그러나 버튼을 눌러도 아무것도 할 수 없다. 우리가 맞이한 무기력은 변명이 아니라 실재일 수밖에 없다.

## 죽어도 죽지 않는 게이머의 신체

챕터 9 〈Joel The Baby Knight(조엘, 아기 기사 되다)〉에서 게이머는 그나마 전형적인 게임을 체험하게 된다. 조엘에게 자신이 처한 상황을 '암'이라는 용과 싸우는 기사의 이야기로 설명해주는 엄마의 목소리가 등장한다. 게임 속 게임인 이 스테이지에서 조엘은 갑옷이 없어 괴물에게 취약하다. 조엘이 그렇게 느끼자 하늘에서 갑옷이 내려온다. 조엘은 이 스테이지에서 만큼은 결코 죽지 않는다. 'continue' 메뉴가 무한하게 제공되기 때문이다. 점프할 수 없는 높은 벽에서는 황금색 매가 조엘을 물고 날아가준다. 이 스테이지의 매력은 조엘이 죽어가는 것이 아니라 죽지 않는다는 것, 위험한 상황에서 기적이 발휘된다는 것이다. 게이머인 조엘은 결코 죽지 않는 게이머의 신체를 부여받는다.

▶ 〈댓 드래곤, 캔서〉(2016) 챕터 9. 〈Joel The Baby Knight〉 ⓒNuminous Games(게임개발사), ⓒAnima GAMING(유튜버)

일본의 평론가 아즈마 히로키는 『올 유 니드 이즈 킬All You Need Is Kill』(사쿠라자카 히로시 지음, 김용빈 옮김, 학산문화사, 2014)이라는 라이트 노벨을 매회 분기마다 끝없이 선택해야 하는 자의 불안이 담긴 초상, 영원한 재귀의 악몽에 놓인 현대인의 리얼리즘으로 읽어냈다. 스토리 안에서 반복되는 주인공의 삶이 게임의 구조와 닮았고, 이 게임적 리얼리즘 속에서 주인공은 허무의 끝을 보고 결국 삶을 적극적으로 플레이하기로 마음먹는다.

어린아이가 이길 때까지 게임을 반복해서 결국은 승리하는 것처럼, 루프의 악몽이 아니라 실은 이미 내재한 인간의 승리를 선언한다. 게임 체험이야말로 우리를 과거 어느 때보다 끈질긴 주체로 만들어주지 않을까? 게임에는 실패가 없고, 오직 재도전만이 있기 때문이다. 이 승리는 이미 내재되어 있다. 게임이라는 세계

▶ 흔히 게임 속에서 무한하게 제공되는 'continue' 화면

속에서만은 죽어도 죽지 않는 게이머의 신체를 통해 조엘을 구현하고 있는 것이다. 아마도 아버지 라이언 그린이 자신의 아이를 위한 게임을 만들고 싶다는 생각을 했을 때는 이러한 게이머의 신체를 부여하고 싶었을 것이다.

게이머는 〈댓 드래곤, 캔서〉를 반복적으로 플레이함으로써 조엘을 더 오래 살릴 수 있다. 이 스테이지는 최종 보스인 용과의 대결이 아닌 나머지 게임플레이에서는 무한 컨티뉴를 제공한다. 하지만 최종 보스인 용만이 마지막 반 토막 난 생명력으로 결코 죽지 않는 존재로 나온다. 조엘이 쓰러지고 아버지가 대타로 싸우지만 결국은 용을 잡지 못한다. 이 부분에서 많은 게이머들이 실망한다. 하지만 필자는 게이머의 신체와 현실 간의 변증법으로 이해하고자 한다. 게이머는 다시 반복해 그 스테이지를 플레이할 수 있고, 실력에 따라 영원히 대결할 수도 있기 때문이다.

## ◉ 타인의 고통에 연루된 게이머

이 게임의 백미는 챕터 11 〈dehydration(탈진한 우리들)〉에서 조엘이 죽음을 맞이하는 장면일 것이다. 거의 10분 동안이나 이어지는 조엘의 고통 어린 울음소리 앞에서 게이머는 속수무책으로 서성이게 된다. 무엇이든 할 수 있는 자유가 있으나 정작 이 타자의 고통 앞에서 그를 위해 해줄 수 있는 것은 아무것도 없다. 이 무력감은 스피커 너머로 전해오는 조엘의 울음소리와 대비된다. 이 점에서 플레이하는 자의 키보드는 연루의 징표다. 버튼 입력을 통해 이 세계에 발을 들였으나 그 연루된 관계에도 불구하고 할 수 있는 일이 없다. 사진과 영화, 그에 앞서서는 문학이 타자의 고통을 우리에게 현전해왔다. 하지만 생생한 이미지보다 더 강력하게 타자의 감각에 우리를 감응시키는 것은 바로 내가 개입해 상호작용을 꾸리는 게임 체험이 아닐까. 게임이 공감 장치로서 기능한다고 판단할 때, 우리는 게임이 그 어느 매체보다도 당사자성을 직접 구성하는 데 적합하다는 것을 알 수 있다.

이것은 관찰자가 대상으로 향하는 일방적인 동일성이 아니라 대상에서 관찰자로 전해오는 침입과 그로 인해 자연스럽게 반응하는 인간의 윤리, 즉 상호신체적인 동일성을 야기한다. 이 점에서 게임 〈댓 드래곤, 캔서〉는 컴퓨터 게임이 새로운 공감 장치로서 작동할 수 있음을 증명하고 있다고 판단할 수 있다.

아픈 아들에 대한 부모의 애끓는 마음과 기억이 우리에게 순식간에 덮쳐오는 이러한 체험은 한 개인의 기록이 공동의 기억으로, 역사의 기억으로 발전할 수 있음을 전망케 한다. 컴퓨터 게임은 이제 시뮬라크르[3]를 구성하지만 이 가상의 세계야말로 '파생된 실재'가 아닌, 실재를 생산시키고 있다고 보아야 할 것이다. 조엘의 시공간은 프로그램의 형태로 영원히 누구나 접속할 수 있도록 남아 있다.

컴퓨터 게임의 본질은 상호작용이 가능한 컴퓨팅 능력에 있다. 컴퓨터 게임 세대는 창작자의 단일한 서사보다는 독자이자 생산자인 게이머의 서사를 강조해두는 편이다. 바로 이 점에서 예술 언어로서 컴퓨터 게임(상호작용 디자인)은 성립한다. 표현에서 발화자와 메시지 수신자의 관계가 일방적이거나 일회적이지 않고, 쌍방적이고, 무한대로 변경된다. 결국 플레이란 특정한 규칙 하에 벌이는 경쟁뿐 아니라 그 텍스트를 여러 쓰임새 안에서 무한히

---

3 원본보다 더 진짜 같은 복제. 원본조차 필요 없는 복제를 의미한다. 가장(假裝)이라고 번역하기도 한다.

변경하는 일까지 포함하는 것이다.

게임 〈댓 드래곤, 캔서〉는 조엘의 기억을 특정한 시나리오의 흐름 속에서 읽기를 강요하지 않는다. 다만 조엘이 세상에 태어나 지금은 사라졌다는 것만은 분명히 하고 그가 살았던 시간과 공간, 그 이후의 내세까지를 구현해놓았을 뿐이다. 게이머는 이 텍스트에 연루되면서 그의 곁을 맴돈다.

미디어의 역사를 비관적으로만 보자면, 서구의 18세기 소설은 부르주아의 인격을 학습하고 고취시켰고 20세기의 TV와 영화는 산업 소비주의를 대중에게 훈련시켰다. 21세기의 컴퓨터 게임은 전 지구적 자본주의를 구성하는 경쟁과 파괴의 리허설이 되어가고 있다. 이런 위기 속에서 군인과 정치가, 자본가의 '리허설'이 아니라 시민의 '공감장치'로서의 컴퓨터 게임을 발견하고 평가하는 일은 충분한 가치가 있다.

이제 컴퓨터 게임의 세계에 개입할 때가 온 것이다. 'play'라는 행위는 주체적 읽기 능력과 타인이 되어보는 선의의 능력을 바탕으로 재발명될 필요가 있다. 그때 컴퓨터 게임은 단지 문학적 가치를 가지는 것이 아니라 문학 그 자체가 될 것이다.

## 스타크래프트

# 그 시절,
# 우리가 사랑했던 문화

신현우

한국에서 〈스타크래프트〉(이하 〈스타〉)는 단순히 게임이 아니라 문화였다. 스타리그 결승전은 매번 광안리에서 수만 명의 관중을 동원했고, 너나 할 것 없이 〈스타〉를 즐겼다. 〈스타〉 프로게이머들이 입을 모아 말했듯, 〈스타〉는 우리에게 친한 친구였다. 자취방 TV 앞에서 치킨과 맥주를 먹으며 함께할 수 있는 술친구였고, 교복 차림으로 소리를 질러가며 함께 환호한 죽마고우였으며, 군복을 입고 부대 복귀 시간 전까지 절박하게 미네랄을 캐내던 전우였고, 넥타이를 던져버리고 부장님의 뒷담화를 함께 해주던 든든한 입사 동기였다. 〈스타〉는 희로애락의 순간에 함께 웃어주고 울어준, 삶 그 자체였다.

## ◉ 〈스타〉라는 추억의 재소환

2017년 7월 30일, 광안리에서 열린 〈스타크래프트: 리마스터〉
론칭 행사에는 엄청난 인파가 몰려들었다. 1만여 명의 관중이 해
변에서 〈스타〉의 재탄생을 지켜보았고, 40만여 명이 생중계를 시
청했다. 어째서 우리는 만 20세가 된 이 게임을 아직도 이토록 애
틋하게 기억하고, 지금도 사랑하는 것일까? 혹자는 오래 전에 헤
어진 연인의 모습을 보는 것처럼 아련했다고도 하고, 또 누군가는
어린 시절 친했던 친구와 재회한 기분이었다고 했다. 아마 이 순
간을 지켜봤던 모든 이들이 이런 느낌을 받았을 것이다. 여기에는
그리움이나 추억 같은 단어만으로 설명할 수 없는 어떤 공통의
감각이나 경험이 존재한다.

　사실, 〈스타〉와 스타리그의 인기가 시들해지고 난 이후에도 이
벤트 행사에서 임진록(임요환 vs. 홍진호) 등 레전드 매치는 여러
번 열렸다. 그러나 그때의 경험과 지금, 〈스타크래프트: 리마스
터〉를 며 느끼는 감정에는 확실히 다른 무엇이 존재한다. 전자
가 '아, 그리운 그 시절이여'와 같은 회한이나 인생무상의 감각이
었다면, 후자는 '당신과 함께여서 행복해'의 현재진행형 감성 같

은 것이다. 이는 〈스타〉가 256컬러에서 새로운 UHD 그래픽으로 재무장해서도, 유닛들이 멋진 초상화로 바뀌어서도 아니다. 20여 년간 우리 공동체가 공유했던 문화적 경험의 직물 구조가 역사적으로 변화하면서, 각 개인이 〈스타〉를 마주하며 받는 느낌 자체가 달라져버린 것이다.

'텍스트는 당대의 사회와 현실을 반영한다'는 전통적인 반영론은 낡은 것처럼 보이지만, 텍스트는 한 공동체의 문화에 어려 있는 '감정의 구조'가 집약되고 재현되는 장이기도 하다. 텍스트에는 무의식이며, 당대의 사고방식과 미적 감각이 깃들어 있다. 텍스트는 또 사회 속에서 억눌린 사람들의 꿈이 발현하는 소망 충족의 공간이자, 급진적인 사고실험의 장소이기도 하다. 그래서 프랑스의 문예비평가인 피에르 마슈레는 텍스트가 말한 것보다는 말하지 못한 것을 읽어내야 한다고 주장한다. 『호모 루덴스』에서 요한 하위징아는 인간 문명의 본질이 놀이에 있음을 확인해주었다.

그런 맥락에서 〈스타〉를 보면, 60년대 이후 서구의 서브컬처와 대중문화가 총집합하고 있음을 관찰할 수 있다. 테란, 프로토스, 저그라는 종족은 수많은 SF 영화에서 상상되던 디자인들이 집결된 것이다. 곤충과 같은 방식으로 증식하는 저그(영화 〈에일리언〉), 고도의 정신적 문명과 기술을 보유한 프로토스(영화 〈프레데터〉)가

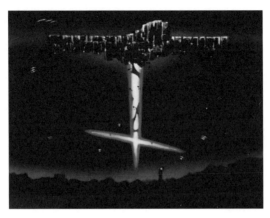

▶ 텍스트는 당대 사회 구성원들이 집단적으로 공유하는 감정의 구조를 무의식적으로 반영한다. 예컨대 〈에반게리온〉의 지하 도시 지오프론트는 핵폭탄에 대한 일본 사회의 역사적 트라우마와 지진·해일 등 불가항력적인 자연재해의 위협을 재현한다. ⓒ가이낙스

바로 떠오르는 것도 무리가 아니다. 또한 지구를 떠나 식민지에 정착하는 개척자 집단에 범죄자·하층 계급으로 가득한 테란의 설정, 캘리포니아 냄새를 물씬 풍기는 유닛 디자인 등은 서부 활극과 스페이스 오페라 등 다양한 SF 장르 포맷을 참조했음을 암시한다.

　그러나 그보다 더 중요한 것은 바로 '자원'의 존재다. 체스나 바둑과 달리, 〈스타〉와 같은 실시간 전략 시뮬레이션 게임에서는 병력이 주어지지 않는다. 병력은 '뽑아내는 것', 즉 생산하는 것이고, 생산하기 위해서는 자원이 필요하다. 그리고 그 자원을 채취하기 위해서는 노동(일꾼)을 동원해야 한다. 전쟁은 왕을 스스로 쓰러

▶ 〈에일리언 2〉에서는 정체와 기원을 알 수 없는 적, 축축하고 불쾌한 동굴, 곤충과 같은 방식으로 증식하는 외계 생명체, 무용지물인 최첨단 무기 등 극악의 상황 속에서 미국 사회가 베트남전에서 겪은 이율배반적 공포가 편집증적으로 드러난다. 〈스타〉는 자원을 채취하고 → 병력을 생산하고 → 원료와 병력을 증식시키고 → 적을 섬멸시키는 '총력전의 플레이' 속에 독점경쟁으로 향하는 당대의 엄격한 자본주의적 알레고리를 내재하고 있다. ©20th century fox

트리는 것이 아니라, 상대방을 절멸eliminate시켜야만 종결된다. 흔해빠진 SF물을 이것저것 합쳐놓은 형상을 하고 있지만, 〈스타〉에서 '말해지지 않은 것'은 오늘날 '공동체를 상실한 개인들이 총력전을 펼치며 살아가야 하는' 자본주의 사회라고 할 수 있다.

SF는 언제나 외삽법을 통해 미래의 암울한 사회를 예언해왔다. 오웰의 『1984년』, 헉슬리의 『멋진 신세계』, 웰즈의 『타임머신』이 그랬듯이, 〈스타〉뿐만 아니라 당대의 전략시뮬레이션 게임 대부분이 세기말적 자본주의의 상황들(자원 부족, 환경오염, 식민지 개척, 무인 전쟁기계, 인구 팽창)을 이야기한다. 그 예로, 〈다크레인〉,

〈홈월드〉, 〈토탈 어나이얼레이션〉, 〈어스 2140〉, 〈KKND〉 등이 있으며, 그렇지 않은 전략 게임을 찾기가 어려울 정도다.

### ◉ 세기말적 자본주의와 정상공동체를 향한 열망

우리가 직접 경험했듯이, 20세기 말은 지구적으로 자본주의가 가장 절정에 이르렀던 시기다. 오일쇼크 이후, 신자유주의가 시작되면서 부의 불균등한 분배와 노동 유연성 증대, 독점경쟁의 강화로 사람들은 그 어느 때보다도 큰 좌절을 겪었다. 한국이 IMF 사태로 인한 살인적인 실업난 이후 자기 계발과 스펙 경쟁으로 내몰리던 때도 이 시점이다. 88만원 세대, N포세대 등은 그 결과물이다. 일꾼을 꽉꽉 늘리며 자원을 채취하고, 빠르게 앞마당을 먹고, 멀티를 늘리고, 상대와의 교전에서 승리하는 게임 속에서, 우리는 냉혹하기 짝이 없는 현실에 대한 환멸을 신나게 살풀이하고 있었는지도 모른다. 또한 이 시기는 IMF 상황 속에서 김대중 정부가 추진한 IT산업 정책과 벤처기업 열풍을 토대로 게임 산업이 폭발적인 양적 팽창을 이루던 때이기도 하다.

바로 여기에 〈스타〉의 맹점이 있다. 사람들은 막연히 자본주의가 '누구나 열심히 한 만큼 가져갈 수 있는' 시스템이라는 환상을 가지고 있는데, 실은 그렇지 않다는 것이다. 인류 사회 형태 중 가장 성공을 거둔 것은 사실이지만, 애초에 자본주의는 '불평등'을 먹고 사는 시스템이다. 열심히 공부하고 스펙을 쌓고 도전하지만, 자본주의라는 게임은 〈스타〉와 달리 누구에게나 똑같은 출발점을 제공해주지 않는다. 능력이 있어도 성공할 길이 없는, 능력 자체가 태어날 때부터 결정되는 불공정 시스템에 분노한 이들이 외치는 '헬조선'도 그런 맥락에서 발생한 것이다.

〈스타〉는 자원을 통해 생산하고 전투하고 증식하지만, 모든 이들에게 미네랄 50이라는 똑같은 출발점이 주어진다. 인간성을 포기하고 학습만을 강요하는 사회 분위기, 집안과 재력에 의해 출발선이 정해지는 환경 아래에서 자유로울 수 있는 놀이는 어쩌면 〈스타〉 이외에는 없었는지도 모른다. 최고의 프로게이머였던 임요환 선수는 재벌 2세도, 국회의원의 자식도 아닌 평범한 사람이었다. 〈스타〉는 순전히 숙련도와 실력만으로 최고에 오를 수 있는 게임이었고, 여기 열광했던 이들도 마찬가지였다. 어쩌면 그들은 〈스타〉를 통해 '누구에게나 공평하고 실력 있는 사람들이 성공할 수 있는' 열린 사회, 즉 정상공동체를 열망했는지도 모른다.

정상공동체를 향한 열망은 한국 사회를 이끄는 동력이었다. 구한말 동학농민운동, 일제강점기 만민공동회와 3·1운동에서 농민·아녀자·아이·노비 출신과 성별을 가리지 않고 평범한 사람들

▶ 〈스타〉 팬들은 기발하고 예측을 불허하는 플레이로 다양한 명승부를 만들어낸 임요환 선수에게 특히 열광했다. 공격 시 발생하는 인터벌 동안 마린을 움직여 럴커를 잡는다든가, 드랍십에 탑승한 유닛들을 일일이 클릭해 순식간에 산개해 떨어뜨린다든가 하는 컨트롤은 개발자들이 전혀 의도하지 않은 플레이였다. 화려한 컨트롤을 향한 환호의 이면에는 빈틈없이 수치화된 자본주의적 세계를 인간적인 감각이 뛰어넘을 수 있다는 믿음 또한 담겨 있다. ⓒBlizzard Entertainment

이 분연히 일어섰다. 이승만 독재정치에 맞서 초등학생부터 노인까지 투쟁에 참여했으며, 군부 독재를 종결시키기 위해 넥타이부대·대학생을 포함한 전 연령층의 수많은 군중들이 거리로 나왔다. 2000년대 이후에도 지금 오늘에도 정상을 향한 열망은 촛불을 통해 더욱 커져만 간다. 2004년 여름, 광안리에 스타리그 결승전을 보기 위해 약 10만 명이 운집한 것도 우연이 아닐 것이다. '비애의 정서' '한의 정서' 등 식민주의적으로 억압되었던 한국인이 가진 '흥'의 아비투스가 디지털 국면에서 전면화된 순간이자, '냄비 근성'과 같은 자조적 언어로 냉소하지만 실은 집회와 놀이를 사랑하는 스포츠맨십이 형성되는 모멘텀이기도 했다.

"시를 쓰는 행위는 가장 강력한 반자본주의적 저항"이라고 예전부터 수많은 사람들이 부르짖어왔다. 이것은 시구절에 담긴 내용이 폭력과 억압, 착취를 이야기하고 그것에 반대해서가 아니다. '시를 쓰는 행위 그 자체', 즉 시상을 떠올리고 언어를 아름답게 다듬는 노력은 공장이나 회사에서 돈을 벌기 위해 하는 생각들과 전혀 다른 차원에 존재하기 때문이다. '시를 쓰는 행위'와 '게임을 플레이하는 것'은 이음동의어가 아니다. 게임은 기본적으로 산업적 산물이고, 상품의 성격을 띠고 있기 때문이다. 게임을 구매해서 플레이하는 사람들은 기본적으로 시인이 아니라 소비자다.

그러나 〈스타〉를 즐긴 수많은 사람들에게 '게임 플레이'는 어느 시점부터인가 더 이상 소비가 아닌 참여적methexis 행위가 되었다. 직장과 학교에서 몰래 〈스타〉를 즐기고, 〈스타〉를 이야기하고, 〈스타〉를 '관람'하고, 그 군중적 경험을 통해 사람들의 마음속에는 공동체 의식 같은 것이 생겨나기 시작했다. 이 세계가 지금보다는 덜 냉혹하게 흘러갈 수 있을 거라는 믿음, 그렇게 되었으면 좋겠다는 공통된 유토피아적 열망은 무의식 속에 내재되어 있었으며, 그것은 배틀넷이라는 광네트워크의 교차로에서 수천수만 번씩 이름 모를 상대방의 뉴런과 남모를 희망을 송수신하고 있었다.

이는 게임이 비록 상품이긴 하지만 게임을 플레이하는 시간 그 자체는 비생산적이면서 노동이 아닌, '반자본주의적 활동'이기 때문에 가능한 것이었다. 물론, 이러한 느슨한 희망의 연대는 게임의 플레이가 하나의 생산 활동이 되는 MMORPG의 성황기와 함께 산산히 파편화되고 말았다. 그러나 사람들은 그때 그 느낌을 추억하며 여전히 열망하고 있음을 확인할 수 있었다.

서로 조롱하듯이 'ㅅㄱㅇ(수고요)'로 게임을 마무리하는 시대에 우아한 멘트인 GG Good Game를 키보드로 다시 칠 수 있다는 것은 매우 의미심장한 일이다. 어쩌면, 우리가 〈스타〉의 재탄생을 통해 느꼈던 행복감은 그런 것이 아니었을까?

"스타크래프트는 민주정의 꿈을 꾸는가?" 그렇다. 한국에서 〈스타〉에 흐르는 정치적 무의식은 미학의 정치를 향한 수많은 틈새적 전환 중 하나였고, 우리는 이 동력이 마련해준 문턱threshhold를 넘고 나아가고 있는 중인지도 모른다.

혹독한 자본주의 종족 전쟁Brood War의 환멸 속에서 더 나은 정상공동체를 꿈꾸게 해준 친구 〈스타〉. 그 애정이 변치 않았음을 확인하고, 마음껏 회상할 수 있었던 옛 기억들. 달콤한 꿈에서 깨어나, 그것이 꿈이었음을 안타까워하는 것이 아니라 내일 밤에도 그런 꿈을 꿀 수 있을 거라 기대하는 것처럼 말이다.

# 하트의 추억

# 삶은 전쟁이다

50,000 Cash
전설의 10강검

돈 주고 살 수 있는
전설이 전설인가?

스펙 경쟁   금수저   헬조선

요즘 게임들이 다 그렇다지만...

이제 게임에서의 성취와 실제 삶의 성취가
별반 다른 게 아니게 되었구나...

내가 했었던 게임은 이런게 아니었다!!

STARCRAFT

진정한 전투는
붓싼에 있어요!!

현실

임진록
보러 갈거에요!!

니 삶이
전쟁터야 이것아

# 그때가 그리워

# 1970~80년대

| | | | | | |
|---|---|---|---|---|---|
| **[1978]**<br>〈스페이스<br>인베이더〉 | **[1980]**<br>5.18 광주<br>민주화 운동 | **[1983]**<br>〈갤러그〉<br>한국에서 대유행.<br>서울시내 무허가<br>전자오락실<br>2만개 돌파 | **[1985]**<br>〈슈퍼마리오<br>브라더스〉 | **[1986]**<br>패미콤용<br>〈드래곤볼〉 | **[1988]**<br>노태우 대통령<br>임기 시작 |
| **[1978]**<br>서울시내 무허가<br>전자오락실<br>450여 개 돌파 | **[1980]**<br>전두환 대통령<br>임기 시작 | **[1983]**<br>전자오락실<br>양성화 정책 시행.<br>무허가 오락기판<br>제작업체 급감 | **[1985]**<br>국내업체들<br>16비트 컴퓨터<br>생산판매시작 | **[1986]**<br>국내업체들<br>16비트 컴퓨터<br>생산판매시작 | **[1988]**<br>88 서울올림픽 |
| | **[1981]**<br>〈팩맨〉,<br>〈동키콩〉 | | **[1985]**<br>대우 재믹스<br>본격 시판 | **[1987]**<br>최초 국산<br>컴퓨터 게임<br>〈신검의 전설〉 발매 | **[1989]**<br>아래아 한글<br>1.0 발매 |
| | **[1982]**<br>〈너구리〉 | | **[1985]**<br>한국표준연구소<br>컴퓨터한글코드<br>표준확정 | **[1987]**<br>87년 6월 항쟁 | |

# 81년생 마리오의 생애 주기

한때는 별로 상관없던 것들이, 시간이 지나면서 깊은 관련을 맺는 것으로 보일 때가 있다. 『81년생 마리오』에서 다룬 게임 텍스트의 발매연도를 중심으로 주목할 만한 게임·IT 분야의 변화와 문화·정치·경제적인 사건들을 배치해보았다. 이 연표를 통해 게임과 사회 간 회로가 미묘하게 이어진다는 사실을 독자 스스로 확인할 수 있을 것이다.

정리 : 오영욱, 오영진

# 1990년대

| | | | | | |
|---|---|---|---|---|---|
| **[1990]**<br>〈갈스패닉〉 | **[1994]**<br>〈파이널 판타지6〉 | **[1995]**<br>삼풍백화점<br>붕괴 | **[1997]**<br>외환위기,<br>IMF 구제금융요청 | **[1998]**<br>아래아 한글<br>지키기 운동 | **[1999]**<br>프로게이머<br>코리아 오픈 방영 |
| **[1991]**<br>〈프린세스<br>메이커〉 | **[1994]**<br>〈킹오브<br>파이터즈94〉 | **[1995]**<br>지방자치<br>단체장 선거 | **[1997]**<br>청소년보호법<br>제정 | **[1998]**<br>김대중 대통령<br>임기 시작 | **[1999]**<br>넥슨〈퀴즈퀴즈〉<br>〈큐플레이〉<br>서비스 시작 |
| **[1991]**<br>〈스트리트<br>파이터〉2 | **[1994]**<br>〈심시티 2000〉<br>코리아<br>(한글판) | **[1996]**<br>〈바람의 나라〉<br>서비스 시작 | **[1997]**<br>영화 〈접속〉<br>흥행 | **[1998]**<br>영화 〈여고괴담〉<br>흥행 | **[1999]**<br>Y2K버그 경고 |
| **[1993]**<br>김영삼 대통령<br>임기 시작 | **[1994]**<br>〈삼국지 3〉<br>(한글판) | **[1996]**<br>한국 OECD 가입 | | **[1998]**<br>제1차<br>일본 대중문화<br>개방 | |
| **[1993]**<br>대전엑스포 개막 | **[1994]**<br>국내 피씨통신<br>업체들<br>인터넷 서비스<br>시작 | | | **[1998]**<br>〈스타크래프트〉 | |
| | **[1994]**<br>머드게임<br>쥬라기공원,<br>단군의 땅<br>상용서비스<br>시작 | | | **[1998]**<br>〈리니지〉<br>상용서비스 시작 | |

■ 『81년생 마리오』 텍스트

■ 게임/IT 역사

■ 문화정치경제

# 2000년대

**[2000]**
〈디아블로 2〉
발매

**[2000]**
그라비티/손노리
〈악튜러스〉 출시

**[2000]**
소프트맥스
〈창세기전3 파트2〉
출시

**[2001]**
〈화이트데이〉

**[2001]**
미국 9.11테러

**[2001]**
넥슨
〈크레이지
아케이드〉
서비스 시작

**[2001]**
소프트맥스
〈마그나카르타〉
출시

**[2002]**
〈마그나카르타〉
전격 리콜

**[2002]**
플레이스테이션 2
한국 정식 출시

**[2002]**
2002년
한일월드컵 개막

**[2002]**
〈라그나로크
온라인〉
상용서비스 시작

**[2002]**
초고속인터넷
1000만 돌파

**[2002]**
프리챌 유료화

**[2003]**
노무현 대통령
임기 시작

**[2003]**
〈위닝6
인터내셔널〉

**[2003]**
넥슨
〈메이플스토리〉
상용서비스 시작

**[2003]**
한국
플레이스테이션 2
100만 대 판매 달성

**[2005]**
〈월드 오브
워크래프트〉

**[2005]**
사이버 욕설
난무로 인한
인터넷 실명제
필요성 대두

**[2005]**
〈서든 어택〉
(상용서비스 시작)

**[2005]**
〈바다이야기〉
사태 시작

**[2005]**
네오플
〈던전 앤 파이터〉
정식 서비스 시작

**[2006]**
게임산업
진흥에 관한
법률이 제정됨

**[2006]**
게임물
등급위원회 출범

**2010년대**

| [2007]<br>서브프라임<br>모기지 사태 | [2008]<br>이명박 대통령<br>임기 시작 | [2009]<br>이명박 대통령<br>'명텐도 발언' | [2012]<br>카카오게임<br>서비스 시작 | [2013]<br>박근혜 대통령<br>임기 시작 | [2016]<br>〈댓 드래곤, 캔서〉 |
|---|---|---|---|---|---|
| [2007]<br>아이폰 발매 | [2008]<br>촛불집회 | [2010]<br>한국 Wii 100만대<br>닌텐도DS 300만대<br>판매 달성 | [2012]<br>〈애니팡 for<br>카카오〉 | [2013]<br>국회<br>게임중독법 발의 | [2016]<br>넥슨 〈서든어택 2〉<br>발매 및 중지 |
| | [2008]<br>〈부족전쟁〉<br>한국 정식 서비스 | [2011]<br>청소년 보호법<br>제26조 통칭<br>'셧다운제' 시행 | [2012]<br>싸이<br>〈강남스타일〉 유행 | [2014]<br>모바일 RPG<br>대중화 | [2017]<br>박근혜 대통령<br>탄핵 |
| | | | [2012]<br>웹툰 〈미생〉<br>연재 시작 | [2014]<br>세월호 침몰 | [2017]<br>〈배틀그라운드〉<br>얼리억세스 시작 |
| | | | [2012]<br>〈응답하라 1997〉<br>방영 시작 | | |

■ 『81년생 마리오』 텍스트

■ 게임/IT 역사

■ 문화정치경제

# 찾아보기

국립중앙도서관 출판예정도서목록(CIP)

81년생 마리오 : 추억의 게임은 어떻게 세상물정의 공부가 되었나?
/ 엮음: 인문학협동조합 ; 지은이: 임태훈, 오영진, 강신규, 김민섭, 나보라, 박지혜,
신현우, 이정엽, 전홍식, 오영욱, 이경혁, 정효영, 홍현영. ─ 서울 : 요다, 2017
     p. ;    cm

연표 "81년생 마리오의 생애 주기" 수록
ISBN 979-11-962226-0-4 03300 : ₩15000

게임[game]
수기(글)[手記]

691.1504-KDC6
794.802-DDC23                              CIP2017031303

추억의 게임은 어떻게 세상물정의 공부가 되었나?

# 81년생 마리오

2017년 11월 29일 1판 1쇄 인쇄
2017년 12월  8일 1판 1쇄 발행

**지은이**　　인문학협동조합 엮음
　　　　　　임태훈, 오영진, 강신규, 김민섭, 나보라, 박지혜, 신현우, 이정엽, 전홍식, 오영욱,
　　　　　　이경혁, 정효영, 홍현영
**펴낸이**　　한기호
**편 집**　　오효영, 유태선, 김미향, 염경원
**경영지원**　　김나영
**펴낸곳**　　요다
　　　　　　출판등록 2017년 9월 5일 제2017-000238호
　　　　　　주소 121-839 서울시 마포구 서교동 484-1 삼성빌딩 A동 2층
　　　　　　전화 02-336-5675 팩스 02-337-5347
　　　　　　이메일 kpm@kpm21.co.kr

ISBN 979-11-962226-0-4 (03300)

요다는 한국출판마케팅연구소의 임프린트입니다.
책값은 뒤표지에 있습니다.